Depiction & Rendering

정밀묘사와 렌더링

조창수 · 조명식 공저

도서출판 재원

INTRODUCTION

재현 능력의 향상

정보화 사회에서는 이미지의 생산과 소비가 혁신적으로 증가한다. 시각 미술의 현장에서도 효과적인 이미지의 창조는 매우 중요한 과제이다. 이미지의 창조에는 이미지에 대한 발상 능력과 이미지의 재현 능력이 똑같이 중요한 역할을 한다. 재현 능력을 키우거나 측정하기 위하여 정밀묘사가 상용되어 왔고 현대에는 색채 정밀화가 같이 활용되고 있다. 특히 디자인에서는 소비자와의 소통이 중요한 데 그러기 위해서는 정확한 재현 능력을 기르는 것이 가장 기초적인 소양이기에 기초 실기 과정에서 중요하게 다루고 있다. 정밀묘사와 렌더링에서는 정복해야 할 재현 능력 향상이라는 과제를 손쉽게 해결할 수 있도록 시지각의 원리에 따르는 실기 방법을 제시하여 누구나 어렵지 않게 소화할 수 있도록 편성하였다.

그림의 리얼리티(현실감)가 사진이나 사물보다 더욱 설득력을 가질 수 있는 것은 사람의 눈이 잘 읽을 수 있도록 강조하여 표현할 수 있기 때문이다. 정밀화의 세계에서는 그림의 손쉬운 제작 과정, 질감에 따르는 표현 방법, 좋은 그림의 예 등을 쉬운 설명으로 제시하고 있어서 어렵지 않게 재현 능력의 기초를 배울 수 있다. 시간을 절약하여 재현 능력을 키우고 독창성 있는 자기 표현을 위하여 도전하는 데 큰 도움이 되리라 생각한다.

CONTENTS

정밀묘사와 렌더링 이론

정밀묘사와 렌더링 실기

실기 우수작 모음 ...122

정밀묘사와 렌더링 이론

1. 정밀묘사와 색채 정밀화

1) 정밀묘사

정밀묘사란, 대상의 특징을 살려 현실감 있게 표현한 매우 정교한 소묘를 말한다. 정밀묘사를 매우 어렵거나 고지식한 표현방법으로 오해하는 경우가 많으나 대상에 대한 진지한 관찰을 토대로 현실감 있게 재현하는 능력을 기르는 것은 그림에 의미를 담아 전달하고자 하는 목표를 가지는 디자인에서는 매우 중요한 것이며, 그림의 원리를 이해하고 연습하면 매우 쉬운 것이 정밀묘사인 것이다. 거의 대부분의 화폐가 선으로 정밀하게 그려진 그림이며 컴퓨터를 이용하여 구현한 정교한 3차원 이미지도 정밀한 재현 능력을 바탕으로 이루어진 것이다. 대상의 특징에 따라 연필이나 재료를 사용하는 방법도 달라야 하고 표현하는 순서도 달라야 할 것이다. 대상을 정확하게 파악하고 현실감 있게 표현하는 능력이 커지면 자기가 꿈꾸는 어떤 이미지도 쉽게 실현할 수 있는 능력이 생겨나는 것이다.

2) 색채 정밀화

재현 능력을 향상시키고자 할 때 색채 정밀화는 연필 정밀묘사보다 더 포괄적인 표현 능력을 필요로 한다. 구도의 설정과 투시원근 및 명암 표현에서는 연필 정밀묘사에서 다루는 방법과 동일하지만 색채를 표현하는 재료(수채화 물감, 아크릴릭, 색연필, 색 콘테 등)의 특성이 개입함에 따라 표현에 어려움이 따른다. 그러나 색채를 다루는 표현 기법을 터득하면 대상의 느낌에 알맞은 방법을 사용하게 되고 결과적으로 소묘의 방식보다 훨씬 풍부하고 효과적인 이미지를 얻게 된다. 수채화와 아크릴릭을 사용할 때에는 물과 붓을 사용하게 됨에 따라 대상의 느낌에 알맞은 기법의 선택이 중요하기 때문에 충분한 연습과 경험이 필요하다. 시간을 절약하면서 최대의 효과를 얻기 위해서는 효율적인 원리를 바탕으로 제작된 그림을 분석하고 연습하여 스스로 효과적인 방법을 터득하는 것이다. 그림이 가지는 현실감은 사진이나 사물보다 강력할 수 있는데 그 이유는 시각적으로 강조되어 보이도록 작가가 조절하여 그리기 때문이다. 색채 정밀화는 대상의 고유색을 관찰한 후 강조하여 표현함에 따라 사진이나 정물보다 더 호소력 있어 보이도록 표현하게 되는데, 본 교재에서는 효과적인 방법을 활용한 사례를 알기 쉬운 설명과 함께 수록하였다.

2. 형태(Form)

형태(Form)는 면과 면이 만나 이루어진 입체 덩어리로 파악한다. 복잡한 형태의 사물이라도 특징을 포착하는 데에는 관찰과 시점의 결정이 중요한 역할을 하는 것이며 기본적으로는 입방체, 원통, 원기둥, 구의 형태로 이루어져 있다는 것으로부터 출발하는 것이다.

1) 시점의 결정

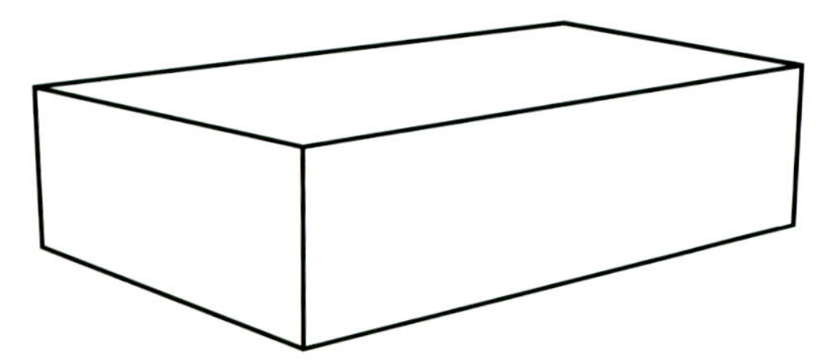

▶ 시점이 높은 경우
윗면의 양이 양 옆면에 비해 상대적으로 빈약한 상태를 유지하고 있다.
(윗면에 특징이 있는 사물의 표현에 적당하지 않다.)

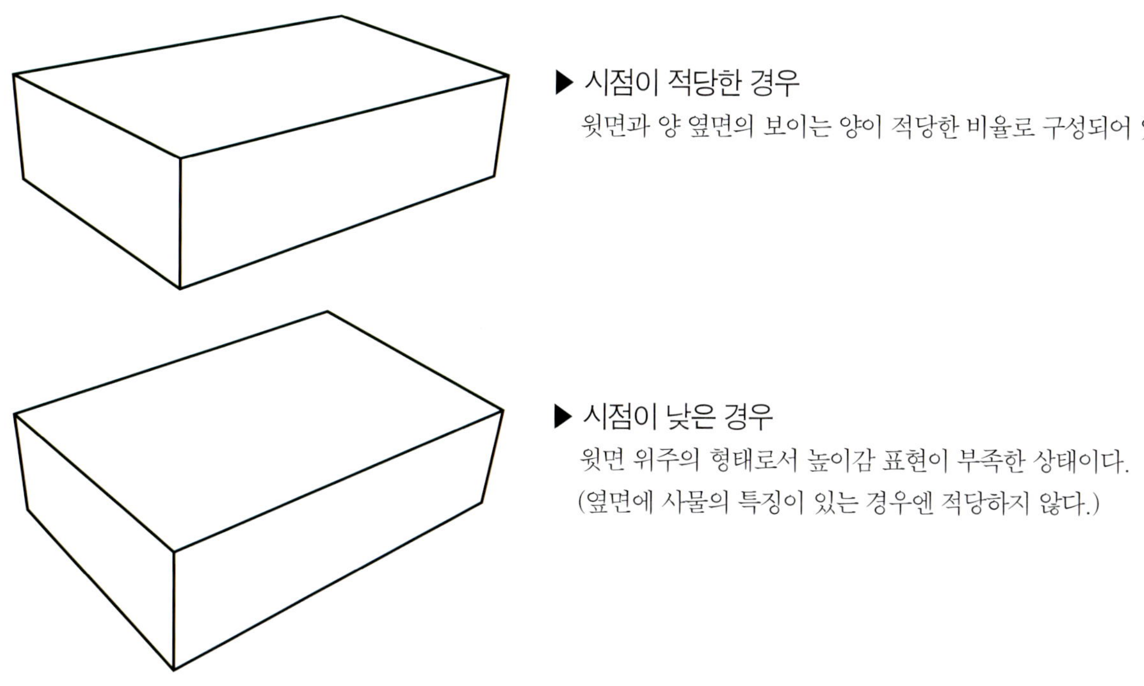

2) 투시법(Perspective)

평면상에 보다 더 입체적이고 정확한 표현을 하기 위해서는 투시도법을 적용시켜야 한다.
투시법은 1점 투시, 2점 투시, 3점 투시가 있으나 색채 정밀화에서는 대부분의 대상물에 3점 투시법을 사용한다.

① 입방체의 3점 투시

시점을 충분히 고려한 투시도법을 적용해야 하며 지나친 투시로 형태가 왜곡되지 않도록 주의한다.

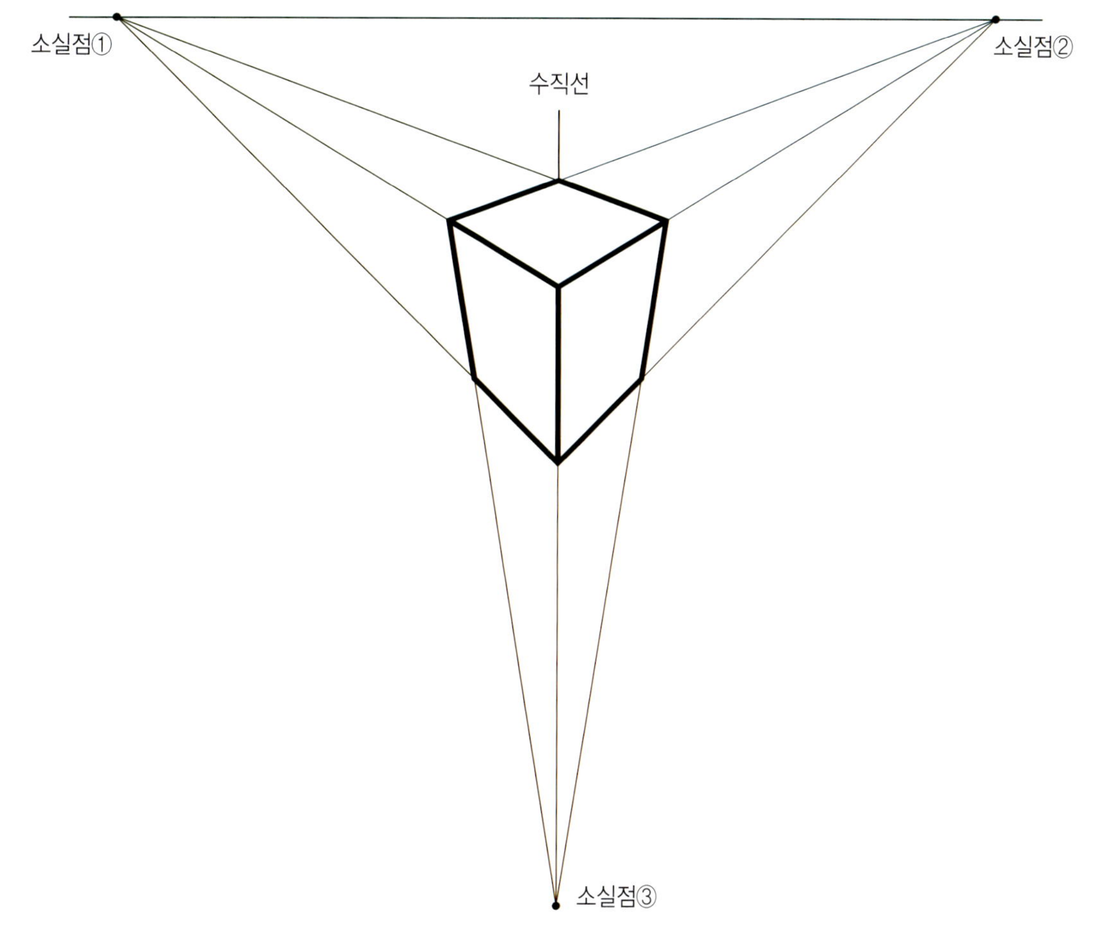

원기둥과 원뿔의 타원을 표현할 때 시점이 위에서 아래로 내려간다는 데 초점을 맞추고 그림①과 같이 아래로 내려갈수록 투시를 적용한 상태다. 그림②는 그림①의 투시 적용으로 나타난 원기둥의 안정된 형태임을 나타내고 있다.

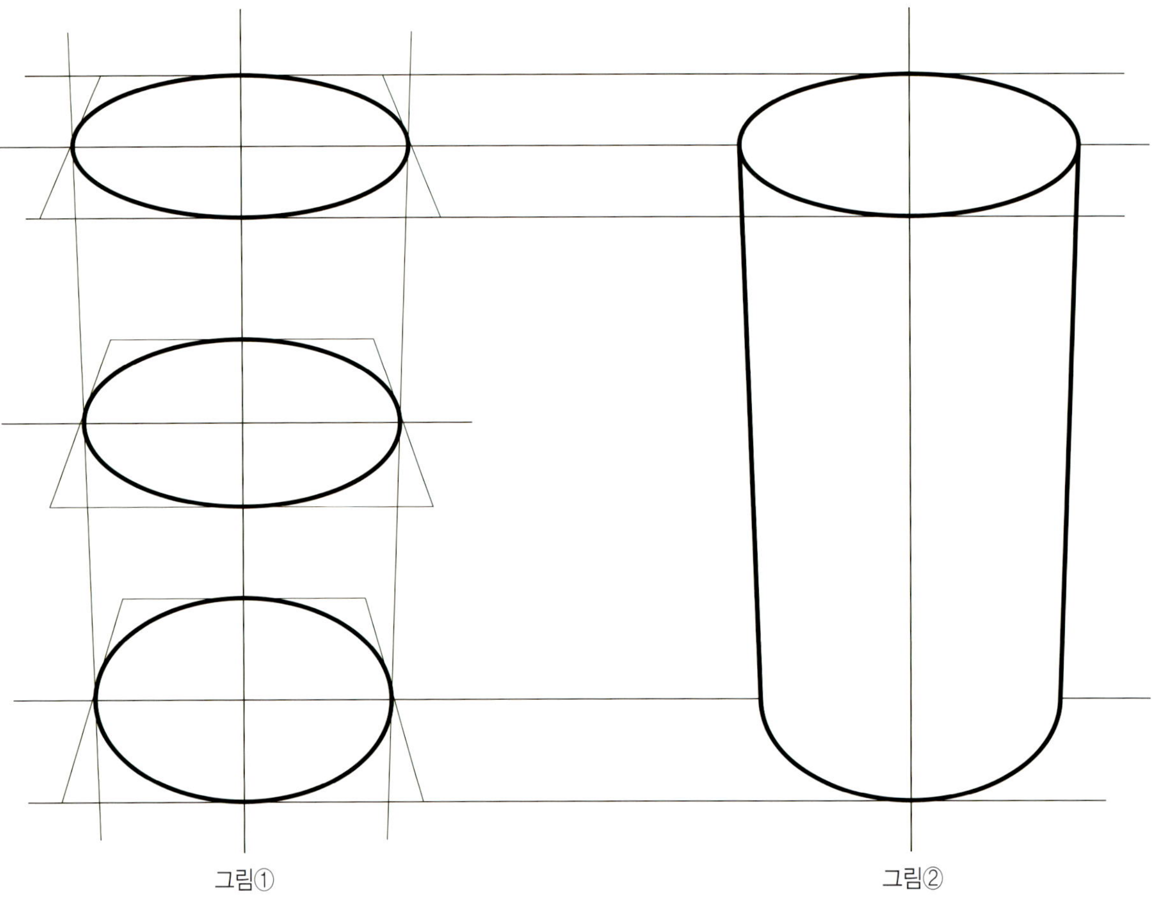

원기둥이 누워 있을 경우에 쉽게 형태를 그리는 방법으로는 원기둥이 기울어진 각도보다 조금 작게 중심의 기울기를 잡아 준 다음 원기둥의 길이와 폭을 결정한다. (원기둥이 누워 있을 경우에 눈높이 〈시점〉를 정할 때에는 그림자의 각도로 확인한다.)

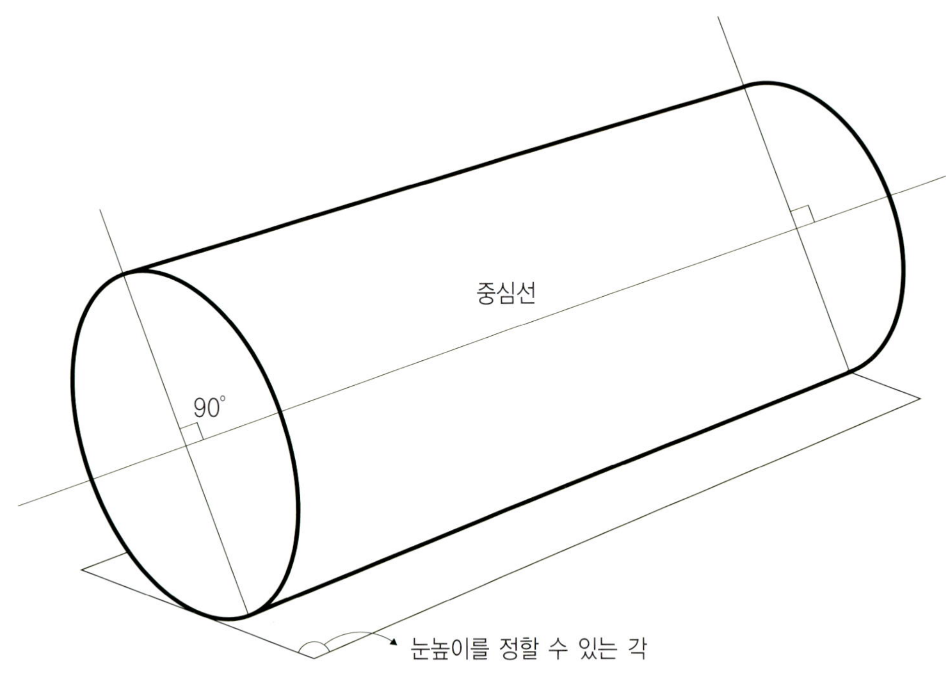

3) 레터링(Lettering)의 중요성

    레터링(Lettering)은 공산품의 얼굴이라 할 만큼 중요한 비중을 차지한다. 그림①에서처럼 수직, 수평으로 쓰여진 레터링은 외곽으로 흐르는 투시선을 염두에 두고 글씨를 써야 한다. 그림②에서는 원통과 타원이 지나가는 투시선 속에 일치하도록 레터링하여야 한다. 그림③에서 유리병 뒤의 글씨는 변형이 나타나므로 주의깊게 관찰하여 표현한다.

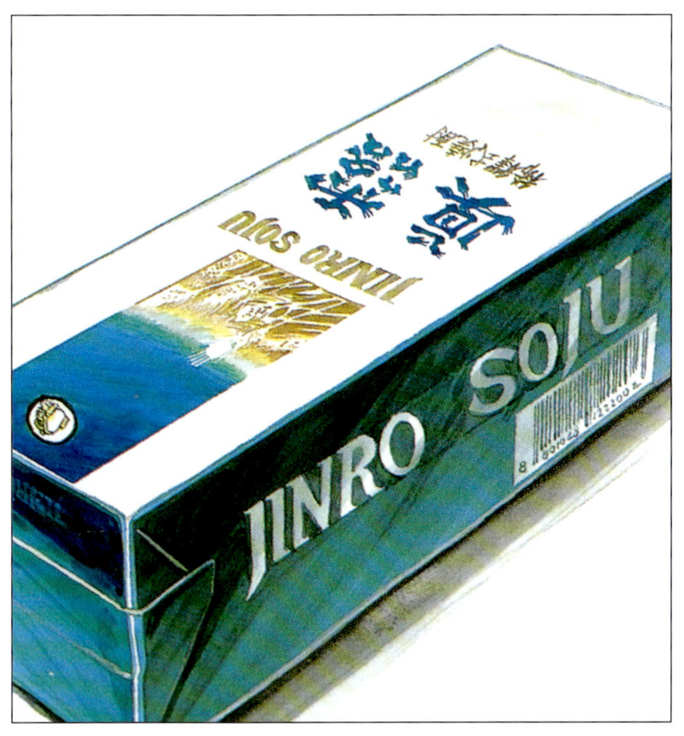

그림①

그림②

그림③

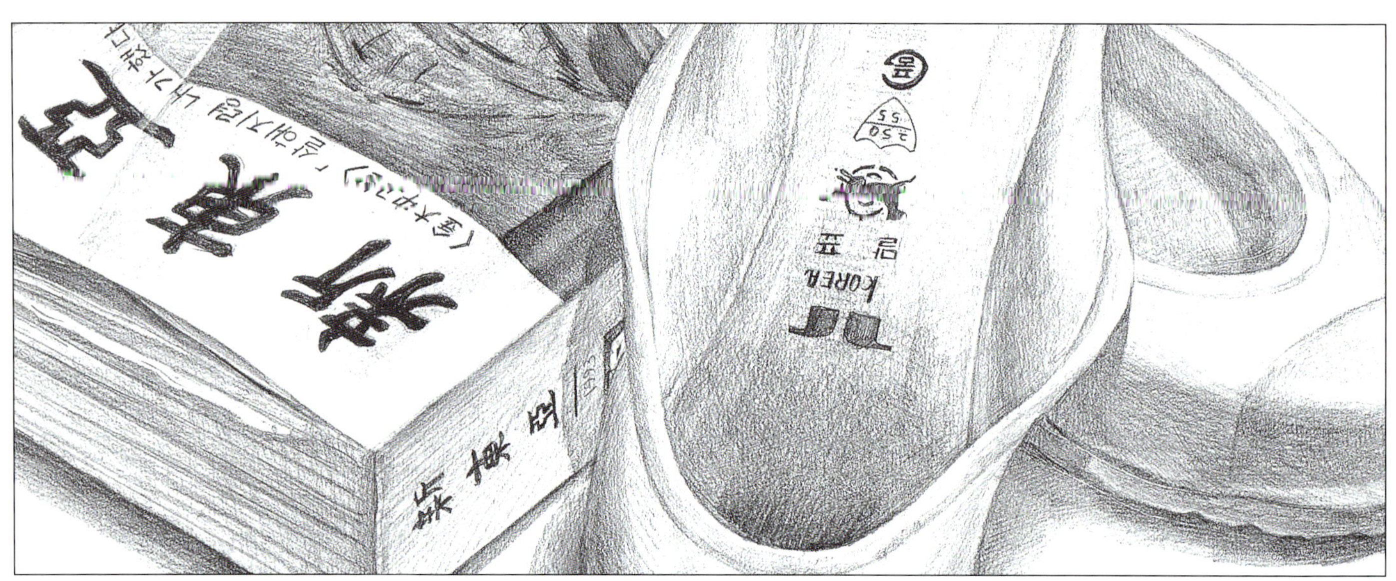

원통형의 정물은 상표가 붙어 있는 각도에 따라 곡면의 투시가 다르므로 레터링도 곡면의 투시에 맞게 한다.

4) 구도와 연출

구도란, 그리고자 하는 대상물을 평면 화지 속에 배치, 구성하는 것이며, 또한 그것을 미적으로 연출하는 것이다. 주제가 강조될 수 있도록 대상물을 배치하고 대상물과 공간과의 상호관계, 시점과 크기의 변화에도 관심을 기울여야 한다. 대상물을 배치할 때 수평선과 수직선상에 나란히 놓여지는 것을 피해야 하고 변화, 균형, 통일이 이루어지도록 연출해야 한다. 지나치게 인위적으로 연출하면 딱딱하고 경직되기 쉬우므로 자연스럽게 정물이 조화를 이루도록 조절한다. 사물이 잘리거나 치우치지 않도록 하고 한군데로 모이면 답답해지므로 피해야 한다.

▶ 가장 안정적인 삼각 구도의 예

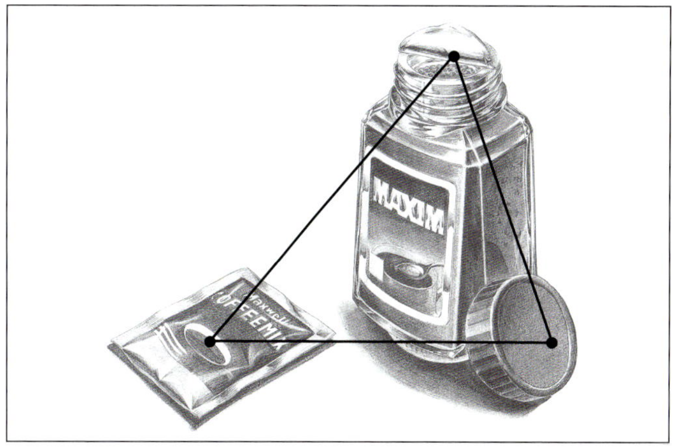

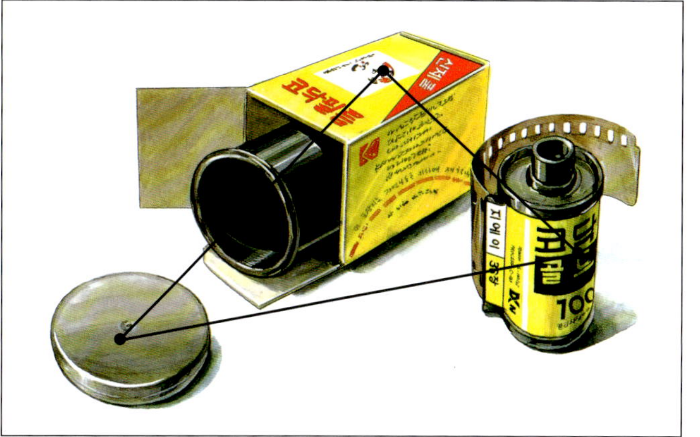

3. 양감(Volume)

양감(Volume)은 물체의 크기, 부피, 무게를 말한다. 양감을 나타내고자 할 때는 입방체, 원통, 원추, 구의
기본 덩이리로 해석하여 그라데이션의 단계를 표현한다

▶ 기본 덩어리로 분석한 스케치

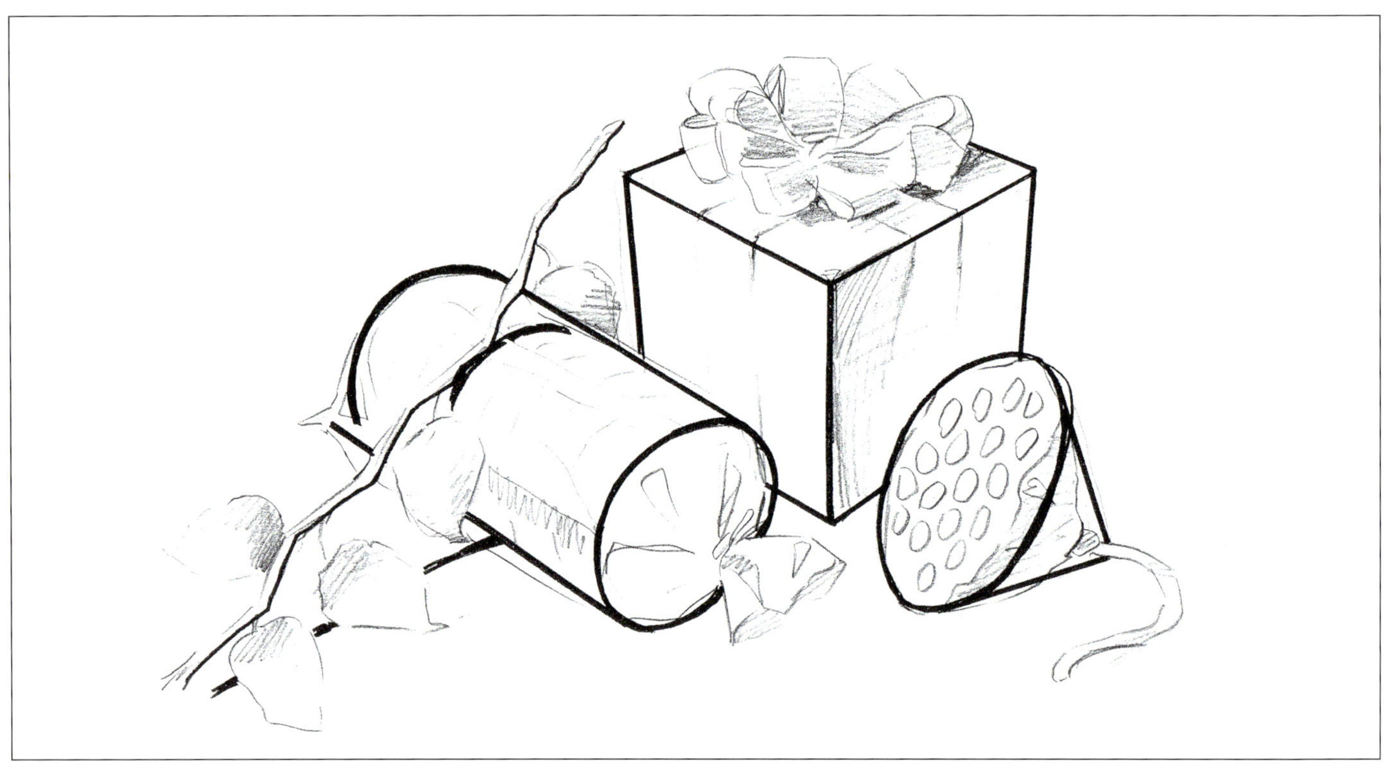

▶ 사실적으로 표현한 그림

1) 빛과 그림자

빛을 비추면 물체에 명암이 생기고 물체에 명암을 부여하면 빛의 반대쪽에는 그림자가 만들어진다. 빛의 방향 설정을 적절하게 하여야 대상물의 양감이 두드러지고 안정감을 주게 된다. 빛의 방향은 그림자의 양을 나타내기도 하므로 빛의 각도가 대상물을 우선으로 나타내기 위한 각도인가를 꼭 확인하도록 한다.

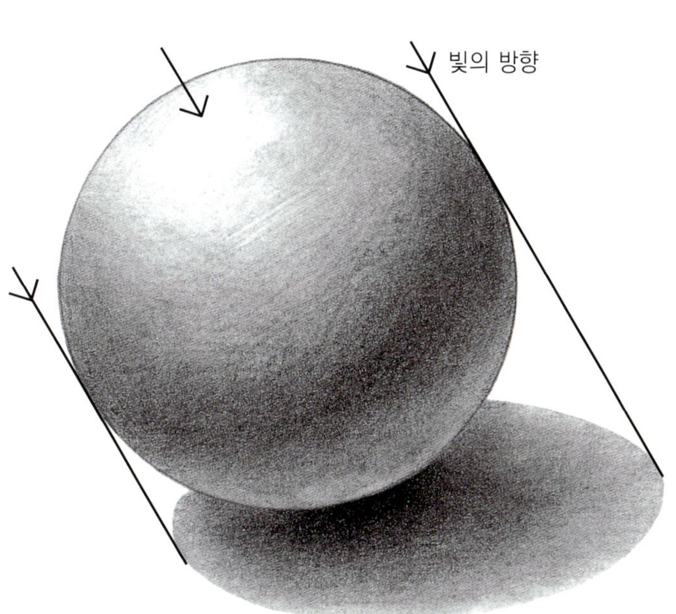

▶ 빛의 각도가 너무 기울어진 예
그림자가 너무 넓으며 앞쪽으로 너무 치우쳐져 있다.

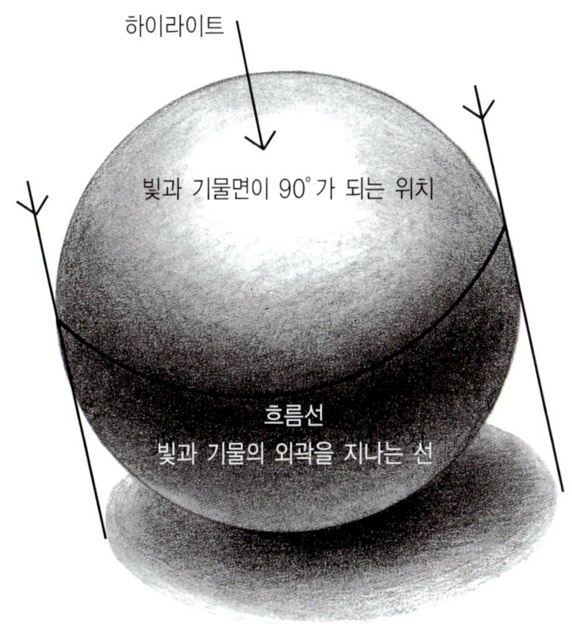

▶ 빛의 각도와 시점이 적당한 예
그림자의 양이 적당하므로 기물의 양감이 강조되어 보임을 알 수 있다.

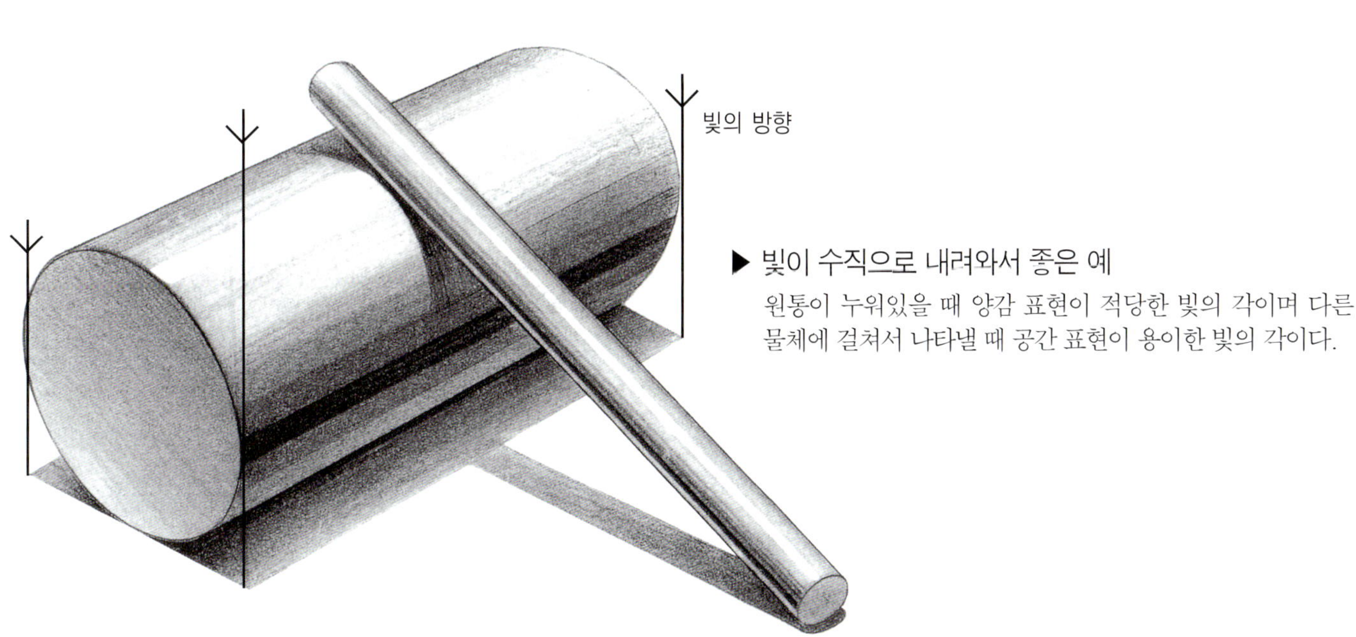

▶ 빛이 수직으로 내려와서 좋은 예
원통이 누워있을 때 양감 표현이 적당한 빛의 각이며 다른 물체에 걸쳐서 나타낼 때 공간 표현이 용이한 빛의 각이다.

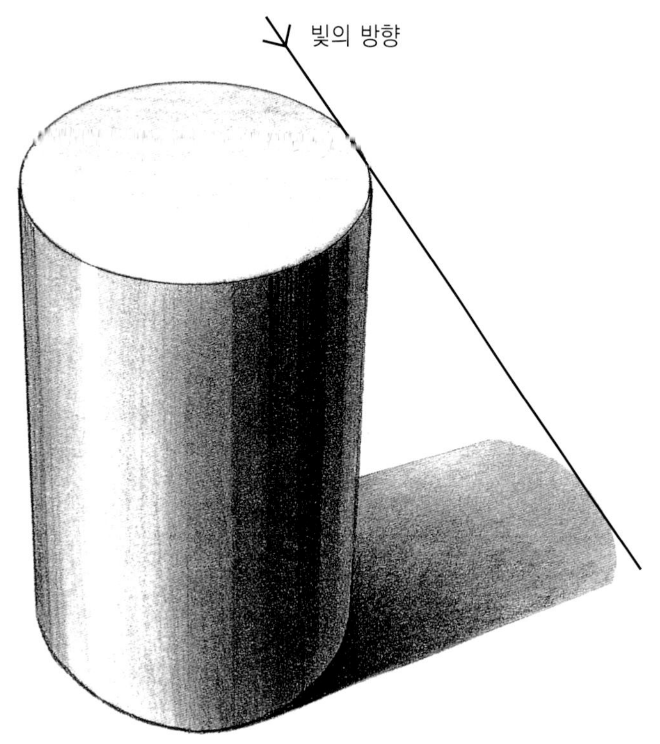

▶ 좋지 못한 예
  그림자의 길이가 너무 길어져서 원근의 표현만 어렵다.

▶ 좋은 예
  바닥면의 투시를 적용시킨 그림자의 표현으로
  원근감이 잘 표현되고 그림자 길이도 적당하다.

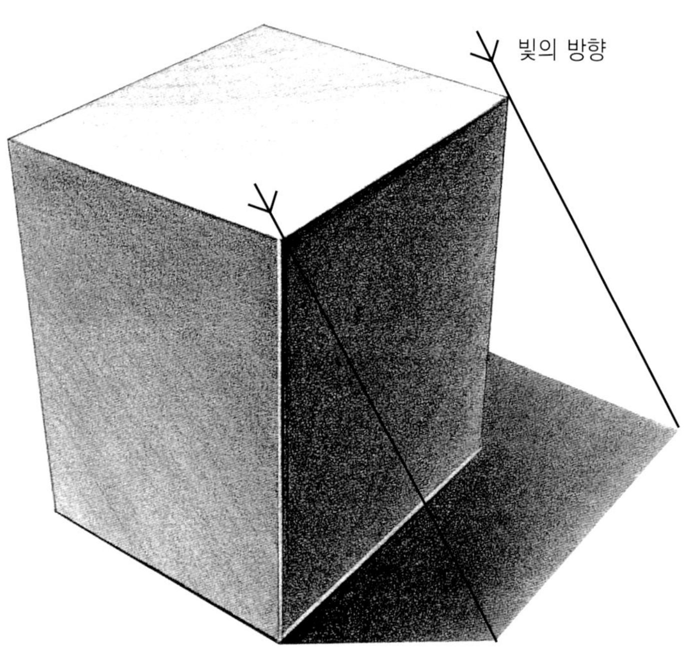

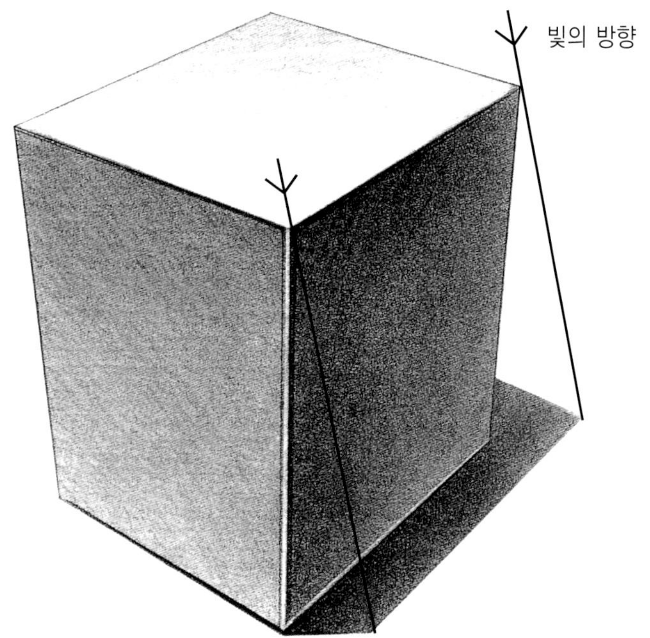

▶ 빛의 각이 너무 기울어진 예
  기물에 비해 그림자가 너무 넓어서 기물이 강조되지 않는다.

▶ 알맞은 빛의 각
  기물의 양감이 강조되어 보이며 그림자의 길이도 적당하다.

4. 질감(Texture)

질감이란, 물체가 가진 재질의 속성 때문에 보여지는 물질감을 말한다. 대상물이 갖고 있는 물질감을 그림으로
표현했을 때 시각상 화면에서 촉감적인 것을 느낄 수 있도록 표현하여야 생동감 있는 현실을 표현할 수 있다.

- 확산체(종이, 목재, 석고, 테라코타 등)
  밝은 면에서 어두운 면까지 그라데이션의 단계가 순차적으로 나타나며 갑작스런 색감의 대비가 없는 기물을 말한다.

- 반사체(알루미늄, 거울, 도금, 금박, 은박의 비닐 등)
  명도 단계의 변화가 심한 물체로 확산체에 나타나는 그라데이션의 단계에서 중간톤을 한두 개 빼버린 대비가 뚜렷한
  것을 말한다.

- 자연물
  자연물 중에서는 질감 차이를 나타내는 기물들이 많다. 생동감과 싱싱함을 먼저 생각하고 색의 단계를 찾아주어야
  하며, 자연물에는 대체적으로 확산체와 반사체의 중간 단계로 묘사해야 할 기물들이 많다.
  (예를 들면 사과, 수박, 토마토, 파, 포도, 귤 등)

1) 금속 질감 표현

금속이라 하면 일반적으로 빛의 반사가 강하다. 그러나 주물이냐, 니켈 도금을 한 상태이냐에 따라서도 달리 표현
하여야 한다. 포인트는 반사 정도의 차이를 자신있게 표현하여야 하는 것이다. 그리고 주변의 이미지가 금속에 비
추어질 때 왜곡되어 비추어지므로 섬세한 관찰이 필요하다.

2) 비닐 질감 표현

비닐 질감 표현은 투명성을 띠면서 가볍다는 데 중점을 두어야 하며 하이라이트의 흐름을 강조해야 한다.
그 종류로는 투명한 비닐, 금 · 은박으로 코팅이 되어서 반사되어 나타나는 비닐 등 다양하다.
특히 가볍고 얇기 때문에 구겨진 부분도 변화 있게 잘 묘사하여야 사실적인 느낌이 표현된다.

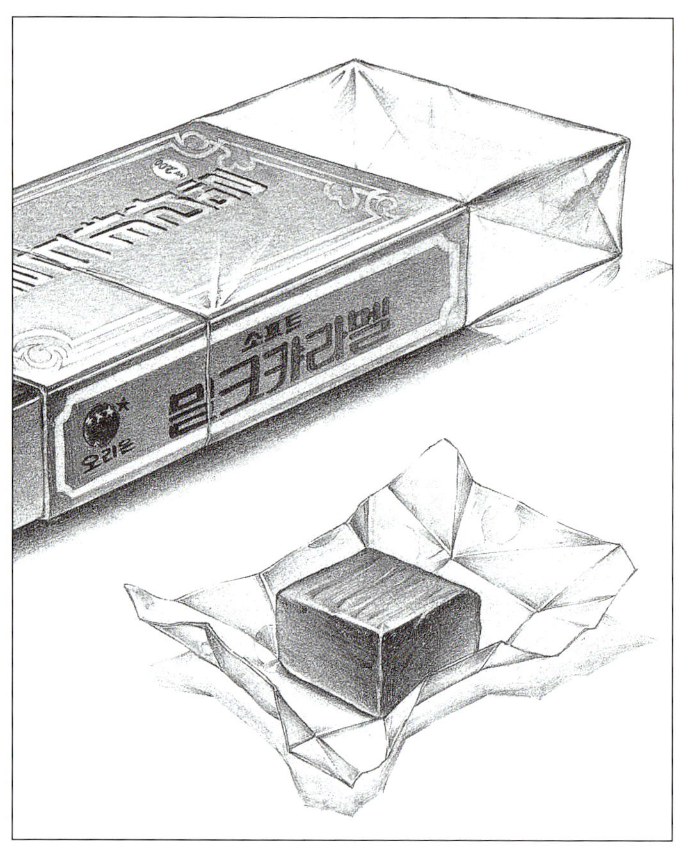

3) 플라스틱 질감 표현

플라스틱의 재질도 매우 다양하다. 투명하면서 매끄러워 유리처럼 표현되어야 하는 것과, 반투명하면서 엠보싱 처리가 되어서 아주 부드럽게 확산체처럼 표현되어지는 것도 있다. 반면에 불투명한 것과 코팅이 되어서 금속 질감을 내는 것 등도 있다. 세밀히 관찰하여 그리는 것이 매우 중요하다.

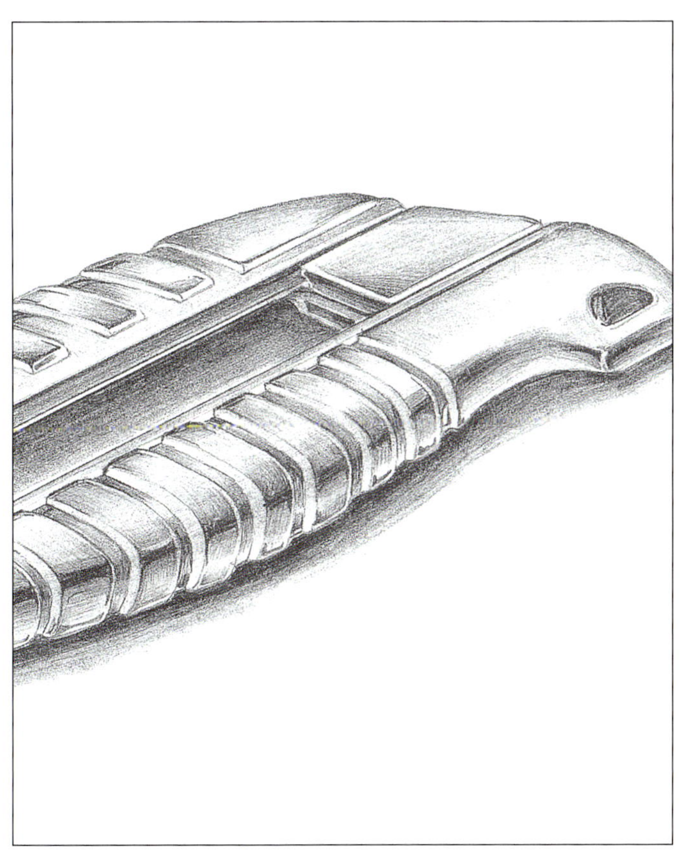

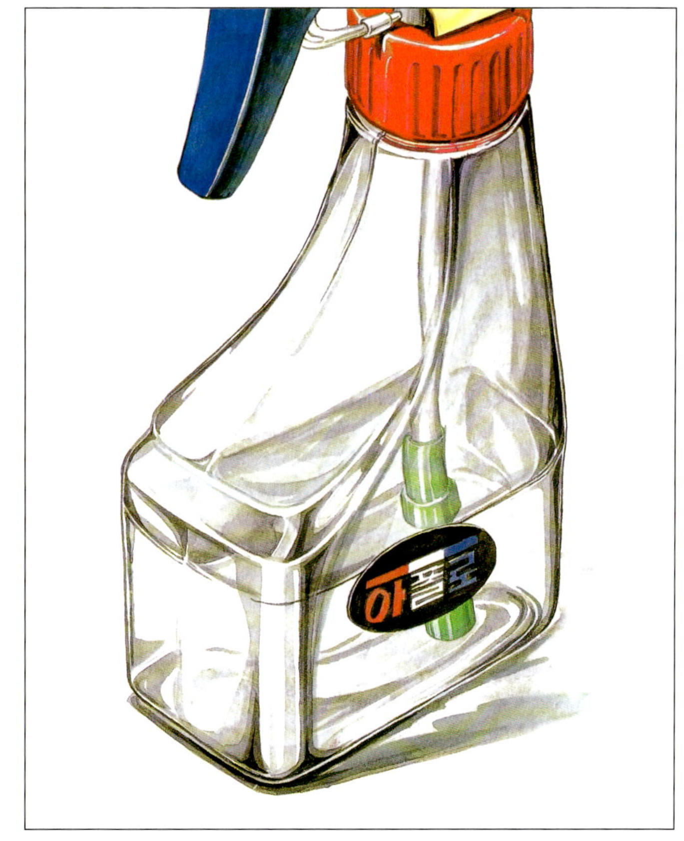

4) 자연물 질감 표현

자연물은 관찰을 통하여 색채의 풍부함과 싱싱함을 나타내는 데 역점을 두어 표현하면 별 무리가 없을 것이다. 연필 정밀묘사에서는 명도 차이를 풍부하게 표현하여야 하는데 연필을 부드럽게 충분히 깔아주고 명암단계를 표현한다. 채색하여 표현할 때에는 고유색을 관찰하여 풍부한 색감을 표현하도록 하여야 한다. 하이라이트는 선명하게 보이도록 강조하여야 신선한 느낌을 줄 수 있다.

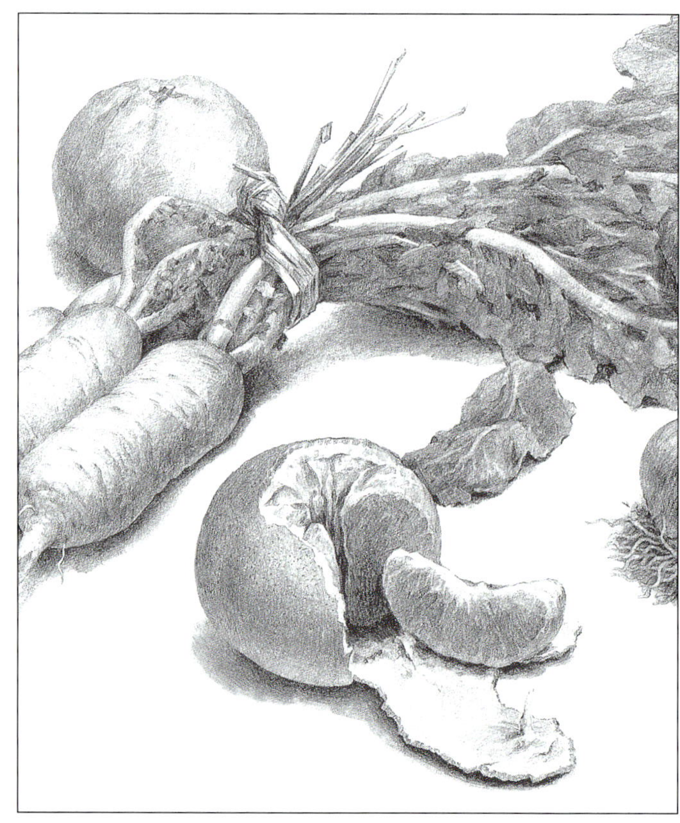

5) 유리 질감 표현

유리가 가진 재질의 속성은 딱딱하며 반사와 투명성이 있다. 두께의 차이에 따라 투명의 정도가 다름을 나타내야 하며 굴절현상도 표현해야 한다. 복잡 미묘한 유리의 표현은 금속과 마찬가지로 빛의 각도에 따른 변화를 표현해 보기도 하고 주위의 물체에 반사되는 현상을 고려한다면 특징을 쉽게 표현할 수 있다.

6) 종이와 천류 질감 표현

종이와 천은 명암 변화가 그라데이션의 단계로 순차적으로 나타나며 하이라이트가 복잡하지 않으며 갑작스러운 명암 변화가 적은 특징이 있다. 종이와 천은 무게가 비교적 가볍기 때문에 그릴 때 강한 표현은 자제하고 연필 정 밀묘사에서는 티슈로 문지르거나 연필을 눕히는 등 부드럽게 표현할 수 있는 기법을 활용한다.

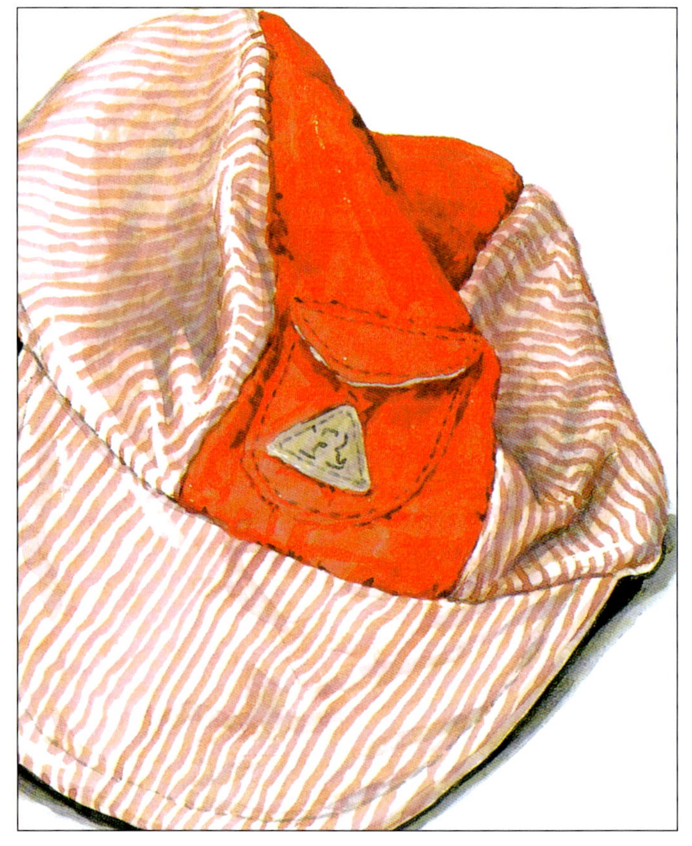

5. 색감(Color)

색채 정밀화에서 대상물을 그릴 때에는 주의 깊은 관찰을 통하여 고유색을 최대한 풍부하게 표현해야 한다. 흰색과 투명성을 띠는 대상물이 많은 데 부드러우면서도 가벼운 종이 계열의 색채 표현은 따뜻한 회색(Warm Gray), 유리나 캔의 흰 색조 표현은 차가운 회색(Cool Gray) 단계의 채색을 하는 것이 바람직하다. 가벼움과 무거움, 명도와 채도의 조절, 매끄러운 표현을 물의 양으로 조절한다. 단 덧칠한 경우에 벗겨져 나오는 경우도 있으나, 적절히 이용하면 천 등의 질감 표현에 효과적이다.

- 앞 부분은 물의 양을 적게, 뒤로 갈수록 물의 양을 많게 한다. (뒤로 갈수록 채도는 낮아지고, 명도는 높아져서 원근이 강조된다.)
- 부분적으로 덧칠과 닦아냄으로 천의 질감을 나타낼 수 있다.
- 앞 부분은 세밀하게 강조하여 표현한다.

- 튜브에서 차가운 회색을 사용한 예로, 풍부한 명암 단계를 표현하였고, 하이라이트의 흐름을 강조하여 표현하였다.
- 색의 풍부함을 느낄 수 있도록 사과의 고유색을 관찰하여 표현하고, 꼭지 부분은 사과의 특징을 더욱 자세하게 그려준다.

6. 정밀묘사 전개 과정

1) 콜라병

- 스케치는 정확하게 좌우가 대칭을 이루도록 한다.
- 각 부분의 비례를 정확하게 맞추어 준다.
- 중심선과 비례선을 수직 수평으로 그려서 비교하여
  형태를 조정한다.

- 초벌 명암은 연필색이 부드럽도록 눕여서 표현하고, 빛의
  방향을 정하고 어두운 부분부터 부드럽게 깔아준다.

- 명도 단계의 차이가 나타나게 깔아주어야 양감이 드러난다.
- 우두운 부분은 4B~6B연필을, 밝은 부분은 B~2B연필을 사용하는 것이 명암 차이를 쉽게 표현할 수 있다.

- 질감 및 명암 변화를 표현할 때는 명암 단계가 풍부한 느낌을 주도록 밀도 있게 완성도를 높여 표현한다.
- 하이라이트는 지우개로 섬세하게 지워 표현하고, 강조할 부분은 연필선을 살려서 표현한다.

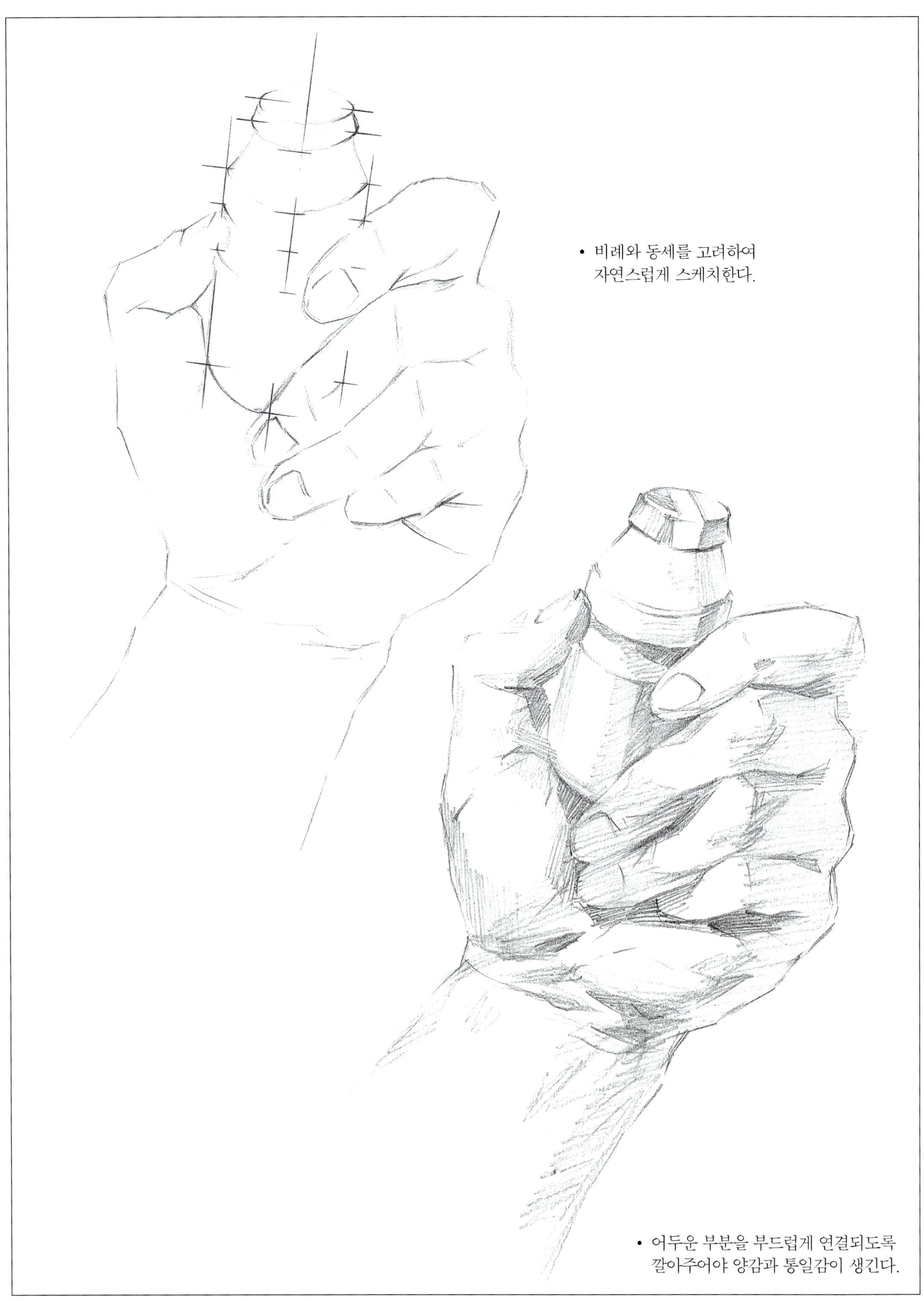

• 비례와 동세를 고려하여
자연스럽게 스케치한다.
• 어두운 부분을 부드럽게 연결되도록
깔아주어야 양감과 통일감이 생긴다.

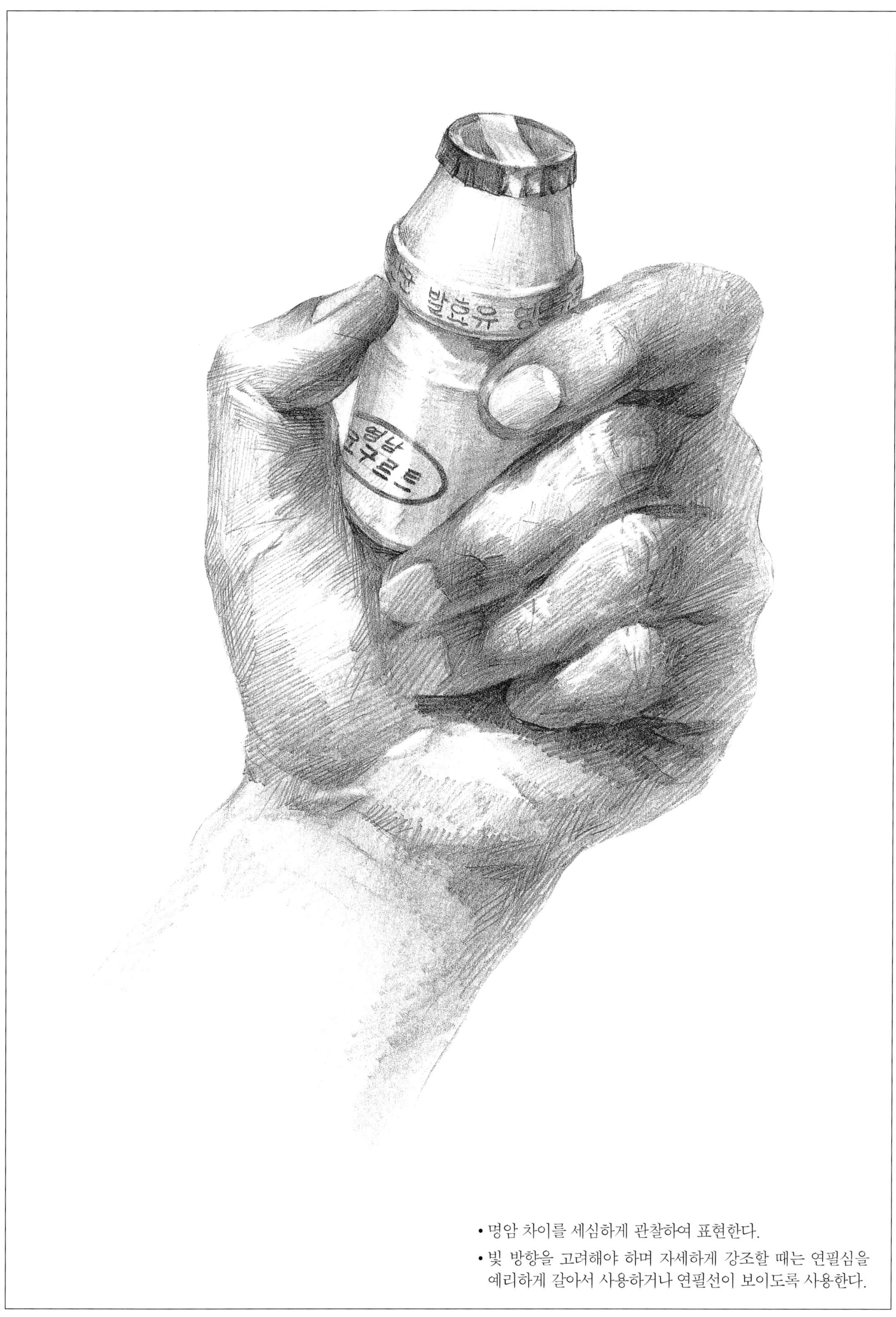

- 명암 차이를 세심하게 관찰하여 표현한다.
- 빛 방향을 고려해야 하며 자세하게 강조할 때는 연필심을
  예리하게 갈아서 사용하거나 연필선이 보이도록 사용한다.

3) 은박접시와 탁구공

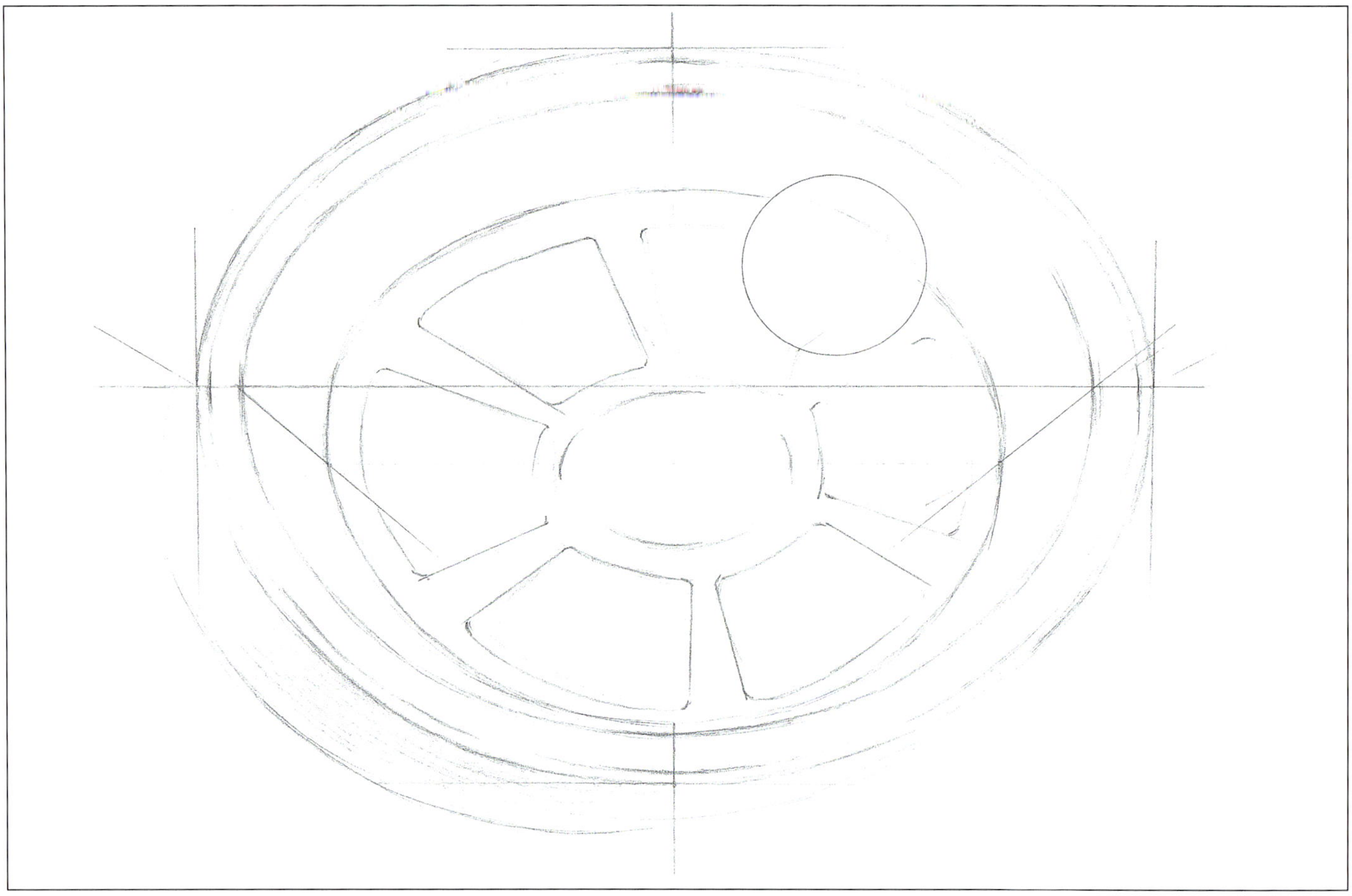

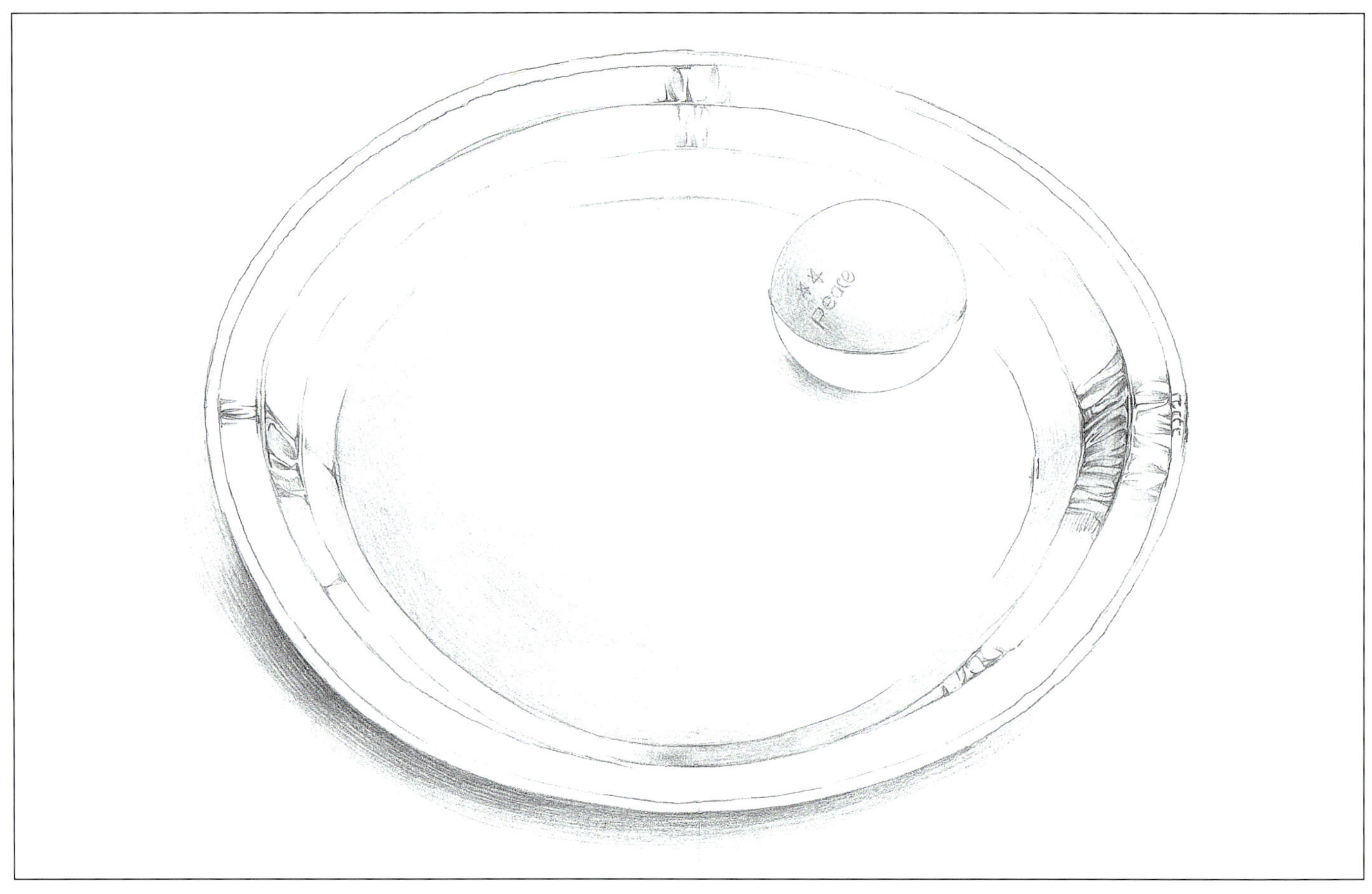

• 좌우 대칭과 눈높이가 적당하게 스케치한다.

• 부드럽게 깔아서 양감을 먼저 표현하고 빛 방향과 그림자를 정한다.

주의 깊게 관찰하며 표현한다. 양감이나 명암의 흐름이 깨지지 않도록 조심한다.

4) 곰 인형과 카메라 케이스

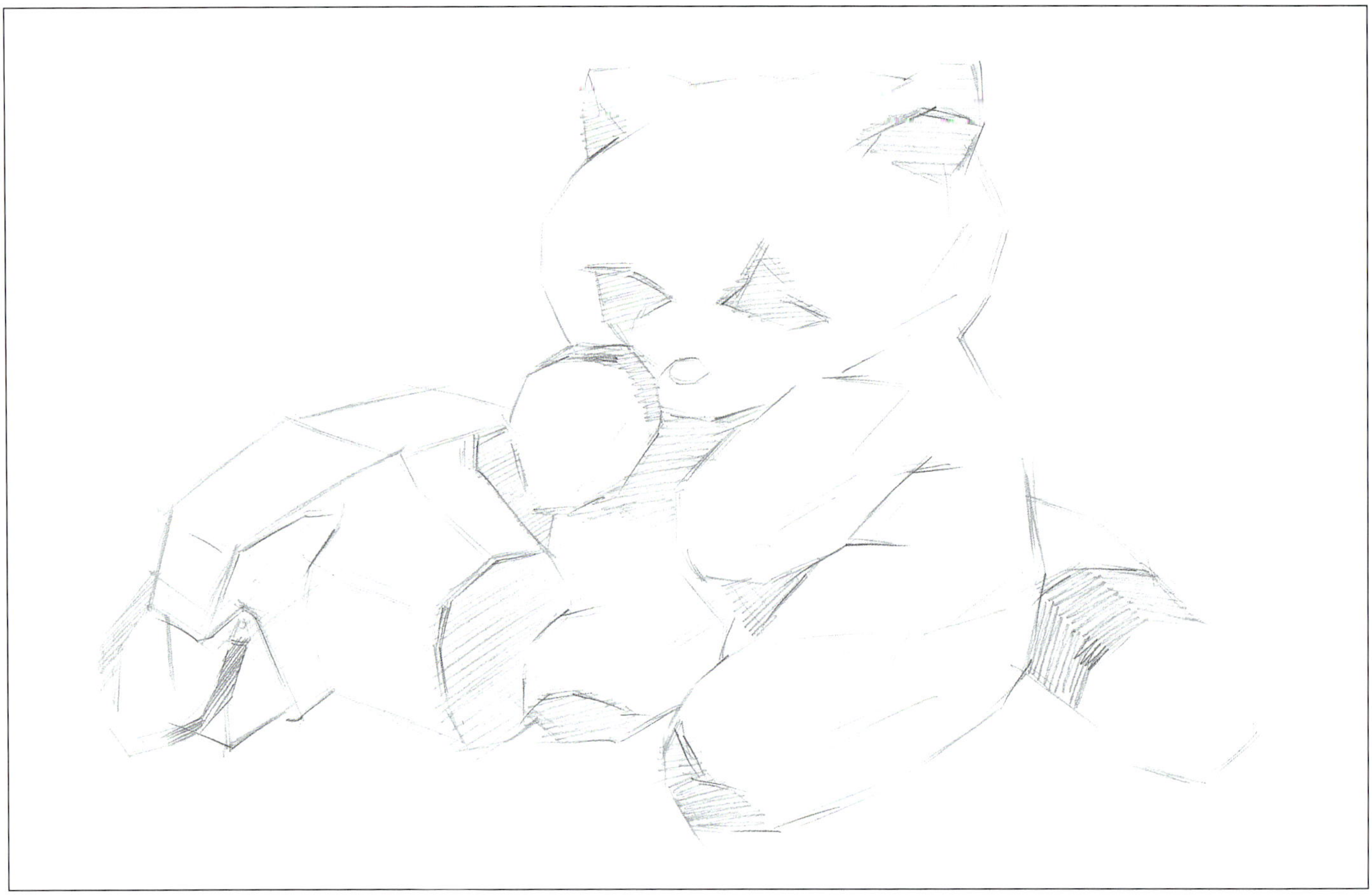

• 안정감 있게 배치하고 비례에 맞추어 스케치한다.

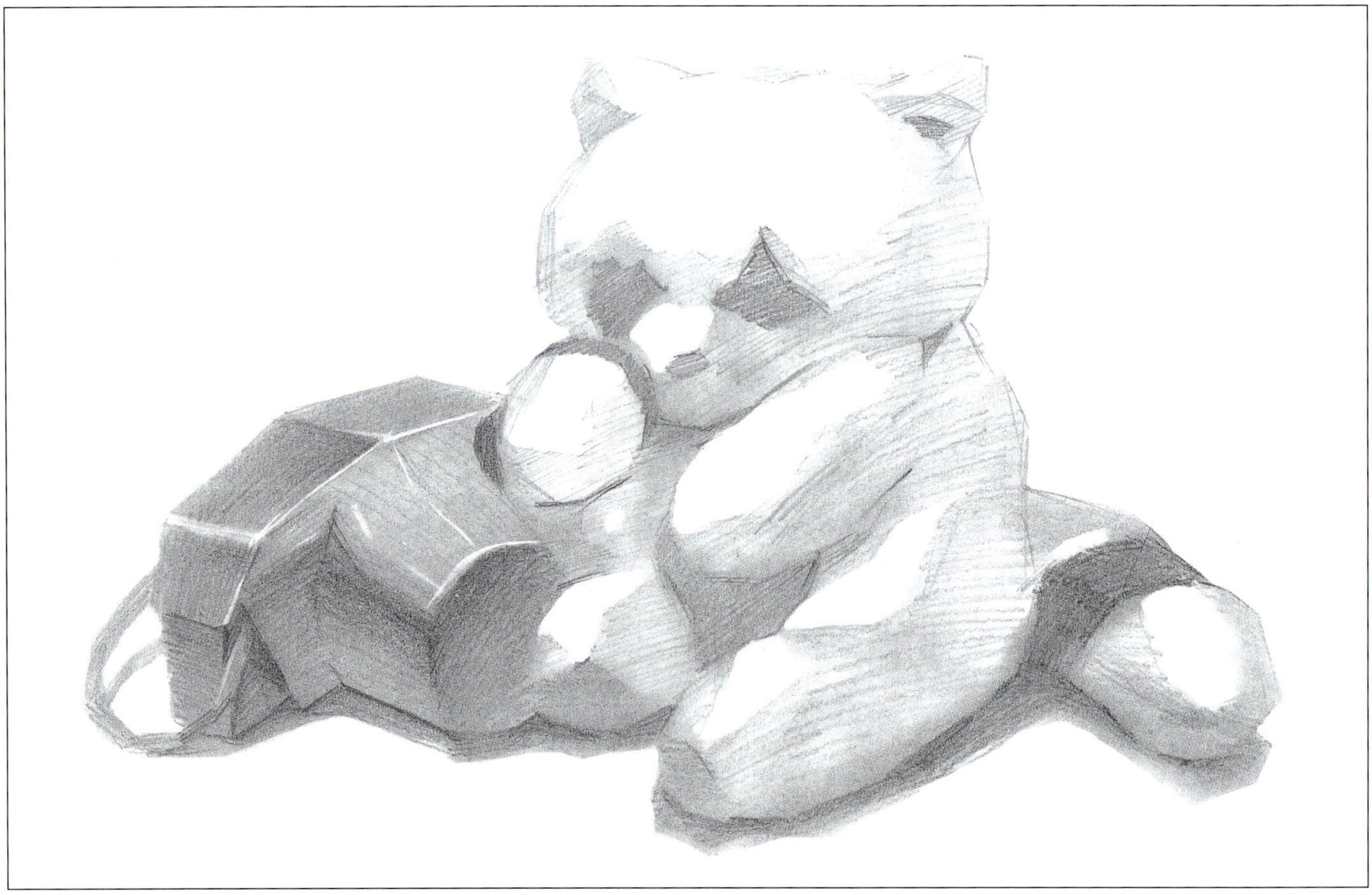

• 연필을 눕혀 부드럽게 깔아주고 면으로 된 천이나 휴지로 문질러 양감을 표현한다.

질감이 나타나도록 가죽 질감은 문질러서 표현하고, 인형의 털은 다양한 선을 사용하여 표현한다.

7. 색채 정밀화 전개 과정

깔끔한 색채 정밀묘사가 되기 위해서는 그림의 전개과정에서 대상물의 특징과 표현재료의 속성에 따라 적절한 계획을 필요로 한다.

1) 분필과 칠판 지우개

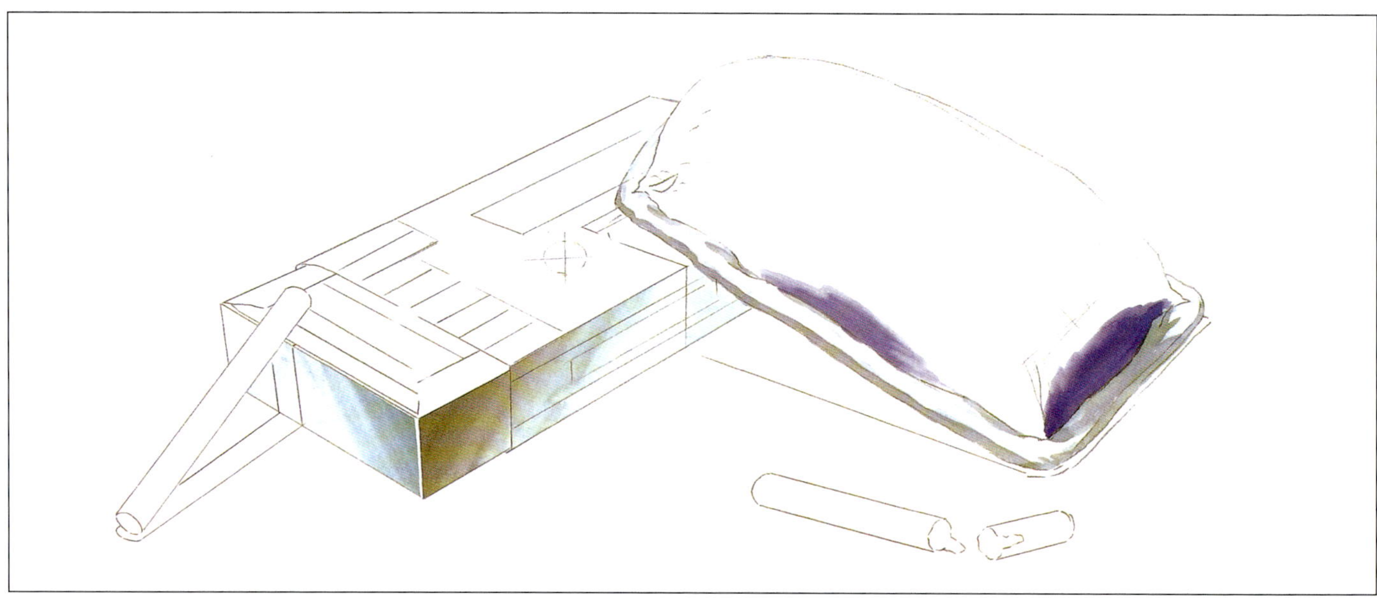

밑그림 – 초벌 채색

- 두 기물의 재질과 변화를 고려한다.
- 눈높이에 맞춰 자연스럽게 배치한다.
- 반사광과 밝은 톤의 색조를 칠한다.
- 완성된 그림을 연상해 본다. (색상대비, 명도대비, 투시, 시점 등 목적을 분명히 하고 그리는 것이 중요하다.)

중간과정 – 고유색을 풍부하게 채색

- 중간 과정에서 채도가 높은 기물일 경우, 고유색보다 채도를 1~2단계 높여서 칠한다.
- 레터링이 개체 기물의 생명이라 생각하고 정확한 투시와 깨끗한 선 처리로 한다.
- 원근 표현을 위하여 멀어질수록 물의 양을 조금씩 많게 한다.

완성단계 – 질감표현과 세부묘사

- 색조를 풍부하게 표현한다.
- 질감 표현에 역점을 두어 표현하고 질감의 차이가 분명한지 확인한다.
- 두 기물의 대비효과는 어떤가 확인한다.
- 마무리는 잘 되었는가(외곽, 레터링의 투시와 선 처리, 여백 등) 점검한다.

참고 작품

밑그림 – 초벌채색

- 각 물체가 가진 기본 구조를 파악한다. (입방체, 원통, 원추, 구)
- 화면상의 위치를 생각하며 배치한다. (명도, 색상대비를 고려)
- 시간 내에 완성할 수 있을 정도의 변화를 꾀한다.
- 휴지와 초코파이의 투시를 확인한 후 채색한다. 반사광과 밝은 색 톤부터 채색한다.

중간과정 – 고유색을 풍부하게 채색

- 고유질감이 비닐인 부분은 면적으로 나타내고 하이라이트가 강하게 표현되도록 남겨서 표현한다.
- 비닐은 휴지와 어우러질 수 있도록 중간 회색조를 선택하는 게 효과적이다.
- 초코파이의 질감표현은 조금 거칠고 탁하게 한다.

완성단계 – 질감 표현과 세부묘사

- 각 재질의 특성에 맞게 표현되었는지 확인한다.
- 하이라이트를 정리하고 중간 색감이 풍부하도록 보충한다.
- 여백과 스케치 선을 지우고 외곽 정리 후 완성도를 점검한다.

참고 작품

밑그림 – 초벌채색

- 기물의 크기, 색상(명도)대비 특징을 고려해서 배치한다.
- 완성했을 때의 그림을 연상한다.
- 확실한 투시를 적용하여 시점(눈높이)에 맞게 스케치한다.
- 하이라이트는 확실하고 깨끗하게 비워둔다.
- 채색 순서를 계획하고 밝은 색부터 채색한다.

중간과정 – 고유색을 풍부하게 채색

- 색이 풍부하게 느껴지도록 고유색과 유사색을 채색한다.
- 반사된 부분이 서로 연결되어 보이도록 채색한다.
  (반사된 부분은 채도와 명도를 반단계 낮춘다.)
- 은박접시는 면적 표현이 되도록, 마른 후
  중복터치를 가미한다.
- 델몬트 팩의 녹색의 큰 면을 결이 생기지
  않도록 마르기 전에 채색한다.

완성단계 – 질감표현과 세부묘사

- 각 기물의 질감 표현이 잘 되었는지 확인한다.
- 빛의 방향은 제대로 표현되었는지 확인한다.
- 하이라이트 및 흐름을 정리한 후 외곽을 깨끗이 지운다.
- 완성도는 어떤지 점검한다.

8. 정밀묘사와 색채 정밀화의 비교

정밀묘사 연필과 같은 단색조의 재료로 형태, 명암, 질감의 섬세한 차이로 표현하는 것이라면,
색채 정밀화는 색연필, 색 콘테, 수채화 물감, 아크릴릭을 이용하여 기존의 정밀묘사의 섬세 비에 색상을
강조하여 표현하는 것이다.

1) 아몬드 초콜릿과 붓

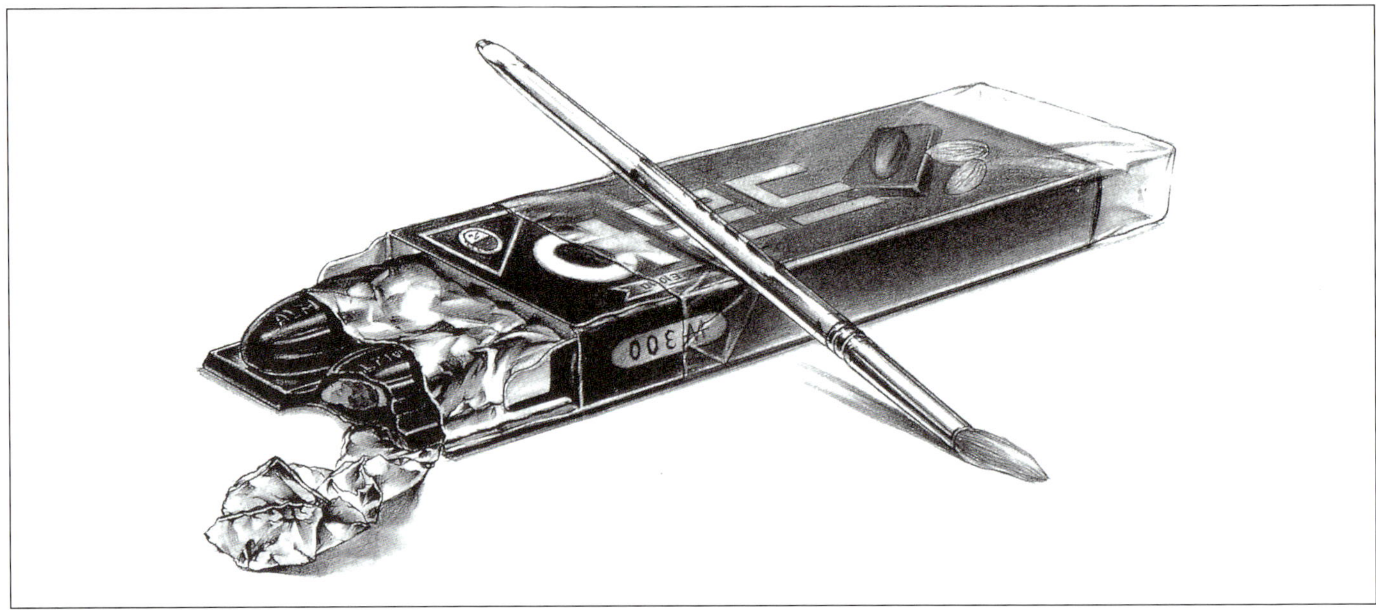

- 연필을 이용한 정밀묘사는 형태, 명암, 질감의 효율적인 표현이 매우 중요하다.
- 투시를 강조하여 입체감을 나타내고, 초콜릿과 투명 아크릴 소재의 붓 질감의 대비 효과가 잘 표현되었다.

- 색채 정밀묘사는 형태, 명암, 질감의 효과적 표현에 풍부한 고유색을 주의 깊은 관찰을 통하여 표현하여야 한다.
- 앞 부분은 섬세하게 묘사하면서도 명암대비와 색상차이를 강조하여야 한다.

- 연필로 명암 차이를 부드럽게 나타낼 때 고운
  면으로 된천이나 휴지로 문질러서 표현하면 매우
  효과적이며 시간도 많이 절약된다.
- 하이라이트는 지우개로 지워서 표현하는 것이
  효과적이다.

- 투명 수채화 물감은 맑은 느낌을 표현하기에
  좋은 재료이다.
- 정밀화에서는 물의 양을 줄여서 칠해야 물방울
  등의 불필요한 자국이 남지 않는다.
- 하이라이트는 처음부터 남겨서 표현하는 것이 좋으나
  나중에 흰색 물감으로 불투명하게 덧칠해도 무방하다.
  두껍게 칠하면 답답해 보일 수도 있음을 염두에 두자.

3) 유리컵과 장미

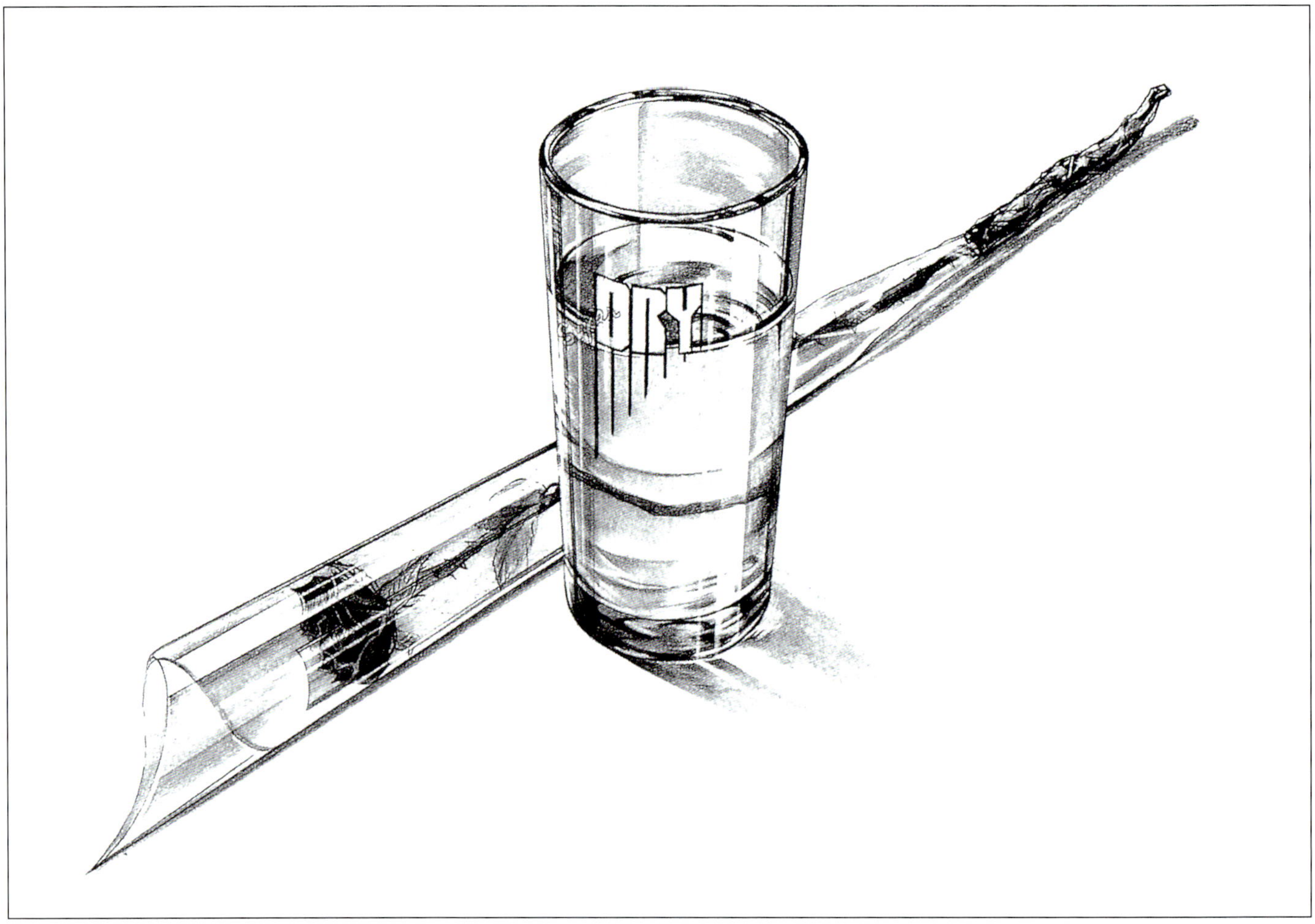

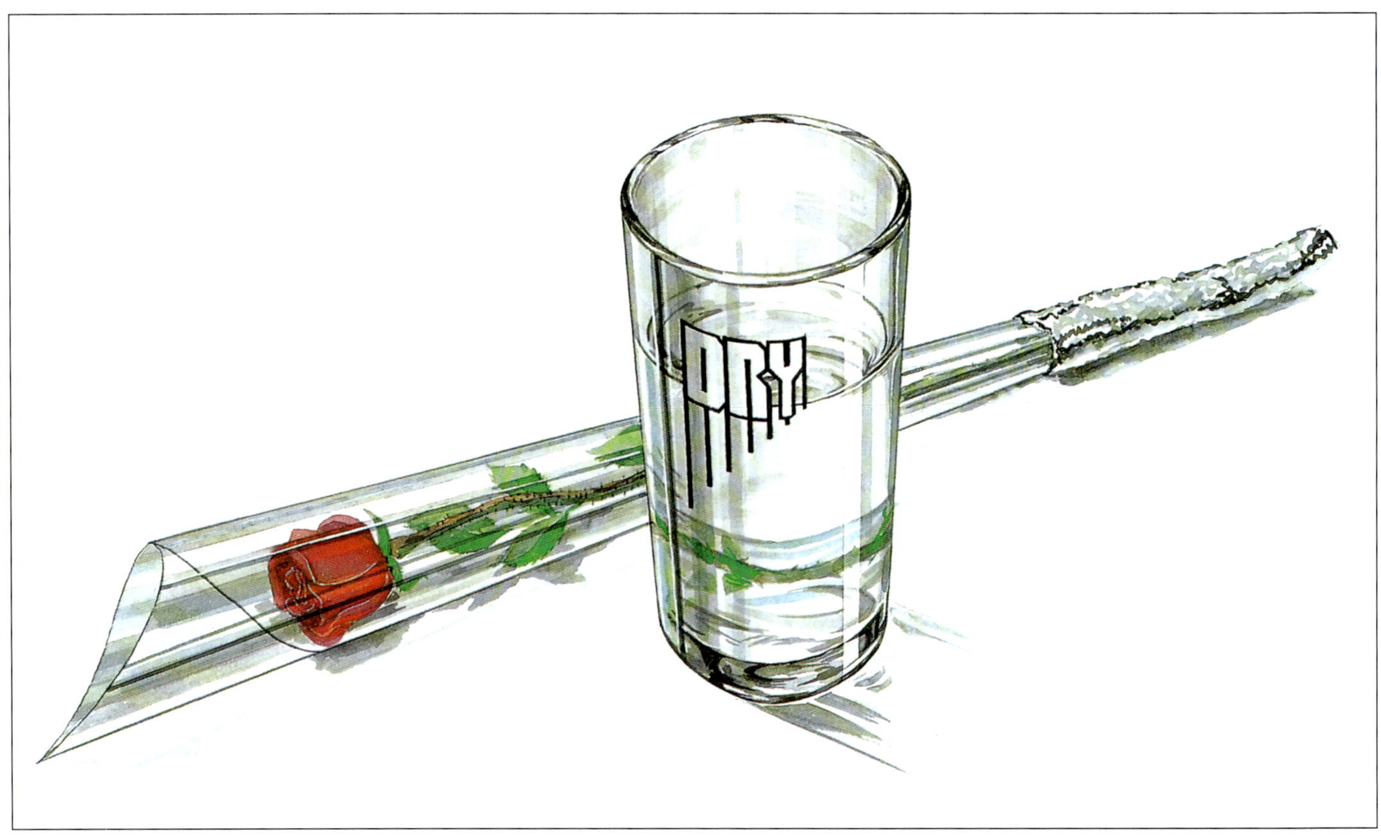

- 투시를 강조하거나 정확한 형태표현을 위해서는 자를 사용해도 무방하나 명암 및 질감 차이는 풍부하게 표현되어야 한다.

- 비닐이나 유리는 투명하고 시원한 느낌을 주기 위해 차가운 회색단계(Cool Gray)를 풍부하게 사용하여 표현한다.

4) 담배갑과 라이터

- 투명한 재질은 연필선이 보이지 않도록 표현하는 것이 자연스럽다.
- 모서리나 돌출 부분의 어두운 강조 부분은 연필선을 밀도있게 사용한다.

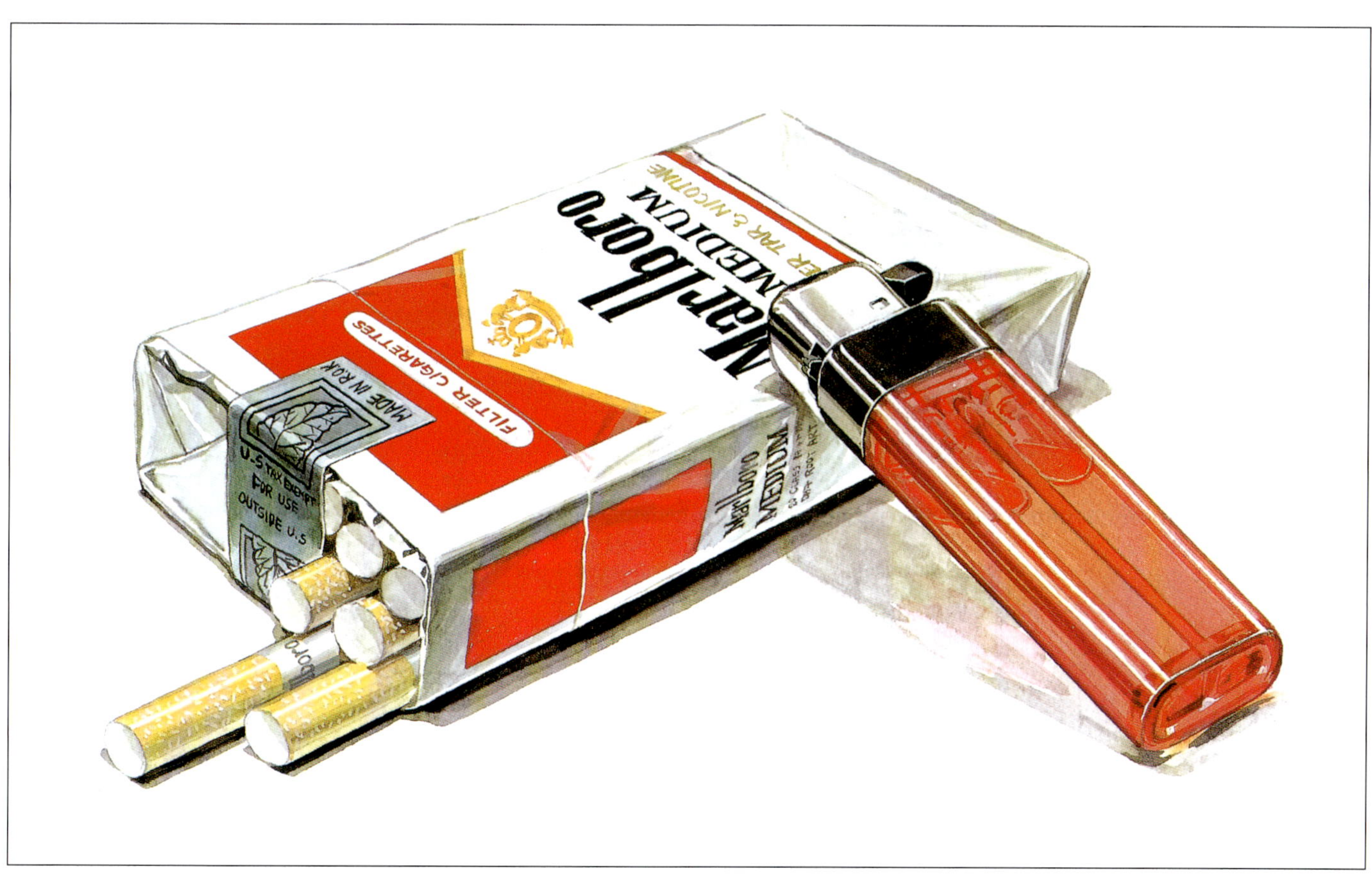

- 투명 재질이나 밝은 색조의 사물은 화지의 흰색을 남겨서 하이라이트를 표현하여야 산뜻한 느낌을 줄 수 있다.
- 레터링은 세필로 깔끔하게 하여야 한다.

9. 렌더링에서 피스테이프 사용법

피스테이프는 색채 정밀화를 깨끗하게 시간 내에 완
성하는 데 효과적인 접착 테이프이다. 특히 사각의
평면이나 원기둥의 기둥면 표현에 사용하면 효과적
이며 원근 처리에도 좋다.
색채 정밀화를 깨끗하고 맑게 표현하기 위해서는
피스테이프 사용법에 익숙해야 할 것이다.

그림①

- 피스테이프를 붙인 후 채색할 부분만 깨끗하게 오려낸다.
- 피스테이프는 넓게 넉넉하게 붙인다.

그림②

- 연습 종이에 붓으로 미리 연습해 본다.
- 명암 단계와 색조의 효과를 검토한다.
  (채색하기 전 그라데이션 단계를 미리 표시해 두는 게 좋다.)
- 속도감 있게 채색한다. (색의 변화까지 그린다.)

그림③

- 채색이 마른 후에 흰 · 검은색(어두운 흐름)의 악센트를 준
  다음 피스테이프를 뜯어낸다.

정밀묘사와 렌더링 실기

1. 여러 가지 금속 표현

재질이 단단한 금속은 정밀하게 가공하거나 코팅하게 되며 표면에 광택이 생겨 빛을 반사하는 특성을 지니게 된다. 주변의 모든 빛, 소병이나 자연광 물체가 반사하는 빛 등을 모두 거울처럼 비추면서 많은 양의 하이라이트가 생겨난다. 반사체는 일일이 묘사하다 보면 지저분해지고 시간도 많이 소요되기 십상이다. 전체적으로 부드럽게 깔아주어 양감을 빛 방향을 감안하여 먼저 표현하는 것이 효율적이며, 그 다음에 연필선을 조밀하게 사용하여 명암 변화를 부드러운 면으로 표현한다. 하이라이트는 지우개를 예리하게 잘라 섬세하게 지워서 표현하며 지우개를 사용한 주변을 자연스럽도록 다듬는다. 앞부분이나 특징 있는 강조할 부분은 연필을 뾰족하게 하거나 샤프를 이용하여 연필선을 살려서 표현하는 것이 효과적이다. 마무리 단계에서는 대상의 특징이 잘 살아나는지 꼼꼼하게 관찰하며 비교하여 완성한다.

- 반사체는 주변의 모든 빛을 반영하여 하이라이트나 반사광이 많으므로 주의 깊게 관찰하여 표현한다.

- 밝은 광택의 금속 컵과 어두운 표지의 책이 어울리게 표현되었다.
- 피스 테이프를 이용한 부드러운 그라데이션이 매우 효과적으로 표현되었으며, 책의 구김과 레터링도 정교하다.

- 반사체인 금속 컵과 자연 소재인 짚신의 질감과 속성의 차이가 대조적으로 표현되었다.
- 컵의 질감은 명암을 문질러서 표현하고, 짚신은 연필을 반복해서 깔아가며 표현한다.
- 하이라이트는 지우개로 표현하고 다시 다듬어 완성한다.

- 반사가 심하거나 투명한 소재의 재질은 모서리나 사물의 면이 접한 부분에서 명암과 색상의 차이를 두드러지게 표현하여야 한다.
- 하이라이트는 선명하게 표현하여야 하고, 어두운 부분에서는 명암의 차이를 세심하게 충분히 표현하여야 현실감 있어 보인다.

- 정물의 앞 부분은 연필을 뽀족하게 갈아서 사용하거나 샤프를 이용하여 정밀하게 다듬는다.

- 광택이 있는 물체는 하이라이트를 연결하여 강조하여야 경쾌해 보인다.
- 섬세한 회색조의 명암으로 면 변화를 표현하여 양감이 잘 표현되었으나, 캔 따개 부분의 섬세한 표현이 아쉽다.

- 투명과 반사의 속성을 가진 사물은 하이라이트가 여러 군데 생기며 명암 단계가 많으면서도 변화가 심한 특징이 있다.
- 하이라이트는 연결되도록 종이를 남겨서 표현하고 명암 단계는 풍부하게 표현한다.
- 라인과 그림자, 레터링의 표현에서 앞 부분은 선명하게, 뒤로 갈수록 흐리게 하여야 원근감이 표현된다.

- 자연스러운 그라데이션을 표현하려면 피스테이프를 붙이고 칠할 면은 오려 낸 후 속도감 있게 칠해야 한다.
- 이런 하이라이트는 마른 후에 흰색으로 덧칠하여 표현한다.

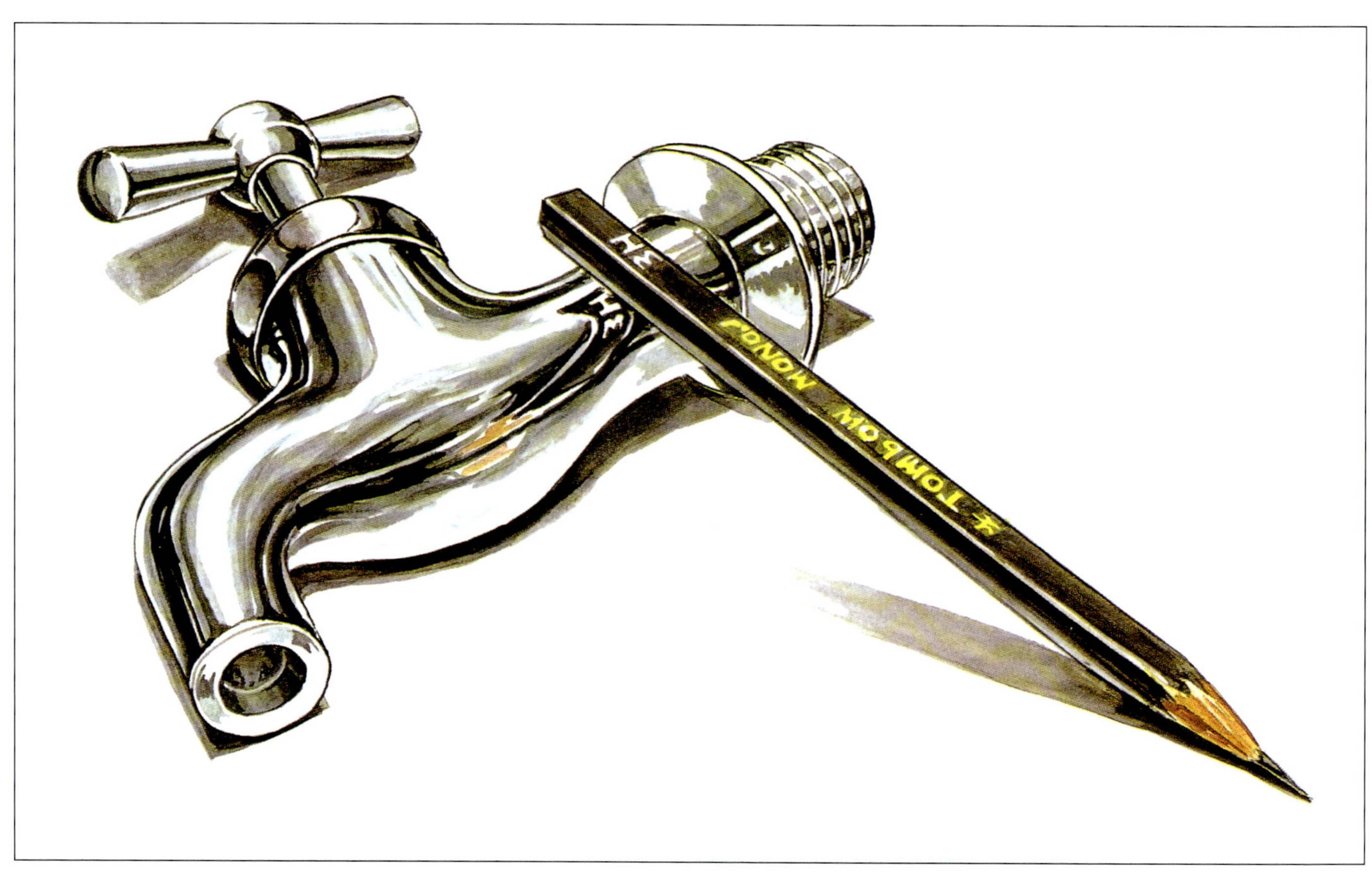

- 수채화물감 사용 시 물의 양이 많으면 촉촉한 느낌이 좋아 보이나 조금 지저분해 보일 수 있으므로 주의한다.

- 투명 수채화로 차가운 회색조로 채색하였다.
- 밝은 회색의 초벌칠이 마르기 전에 어두운 단계를 만들어
  나가야 붓자국이 부드럽게 된다.
- 따개 부분은 세필 붓으로 묘사하고 레터링은 흰색을 섞어
  불투명기법으로 표현하였다.

- 명암 단계가 섬세하게 잘 표현되었다.
- 붓자국이 은은하도록 하기 위해 밑색이 완전히
  마르기 전에 칠하는 방법을 사용하였다.
- 고유 색상이 좀더 풍부하면 생동감이 살아날 듯 싶다.

- 명암 단계를 풍부하게 하면서 효과적으로 표현하였다.
- 유리컵의 투명한 속성과 금속 뚜껑의 반사면의 특징인 하이라이트를 강조하여 표현하였다.

- 스텐레스 질감의 넓은 면은 밝고 부드러운 명암으로 표현해주고, 어두운 면의 차이가 집중적으로 보이는 부분에서는 단계 차이를 충분히 살려서 표현한다. 선은 살리지 않아도 된다.

- 금속 질감의 반사체는 하이라이트를 강조하여 표현한다. 명암 단계 차이가 좀더 풍부해도 좋겠다.

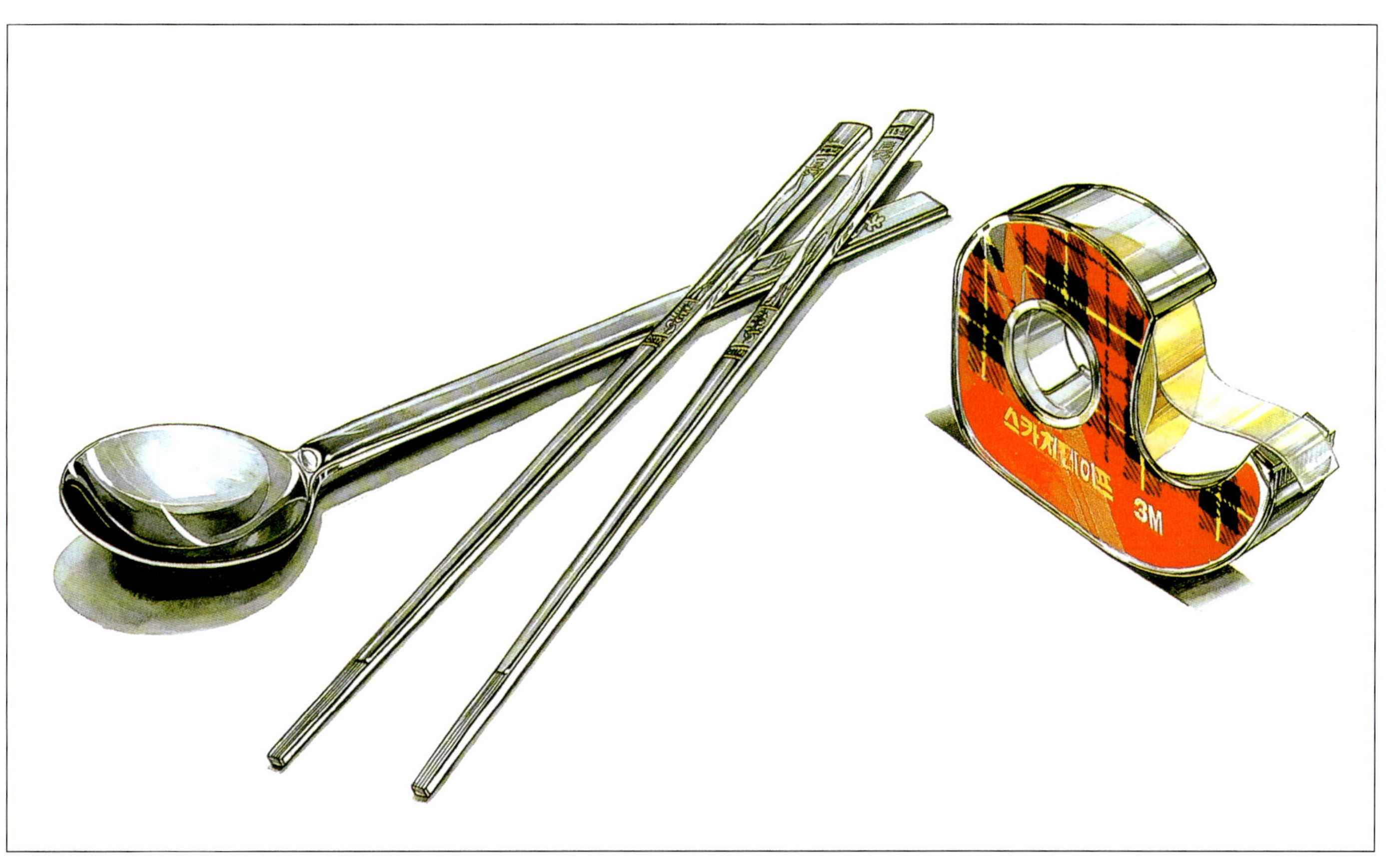

- 명암 단계를 다양하고 부드럽게 표현하여 양감과 질감이 자연스럽게 표현되었다.

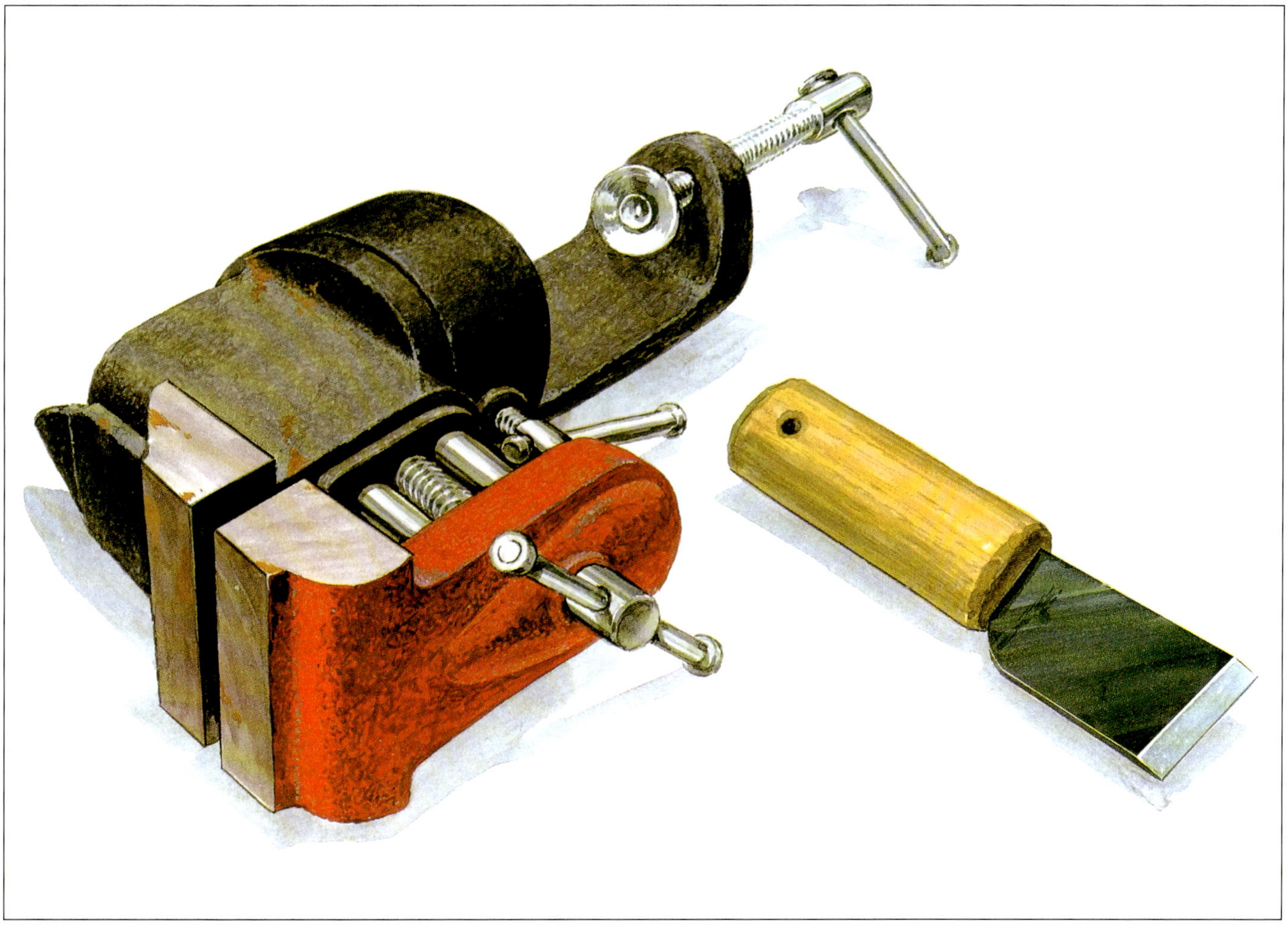

- 사물의 고유색을 관찰하여 풍부한 색상으로 표현하였다.
- 표면 질감의 차이를 섬세하게 나타낸 끈기가 돋보이나, 그림자가 단조로워 보이는 것이 아쉽다.

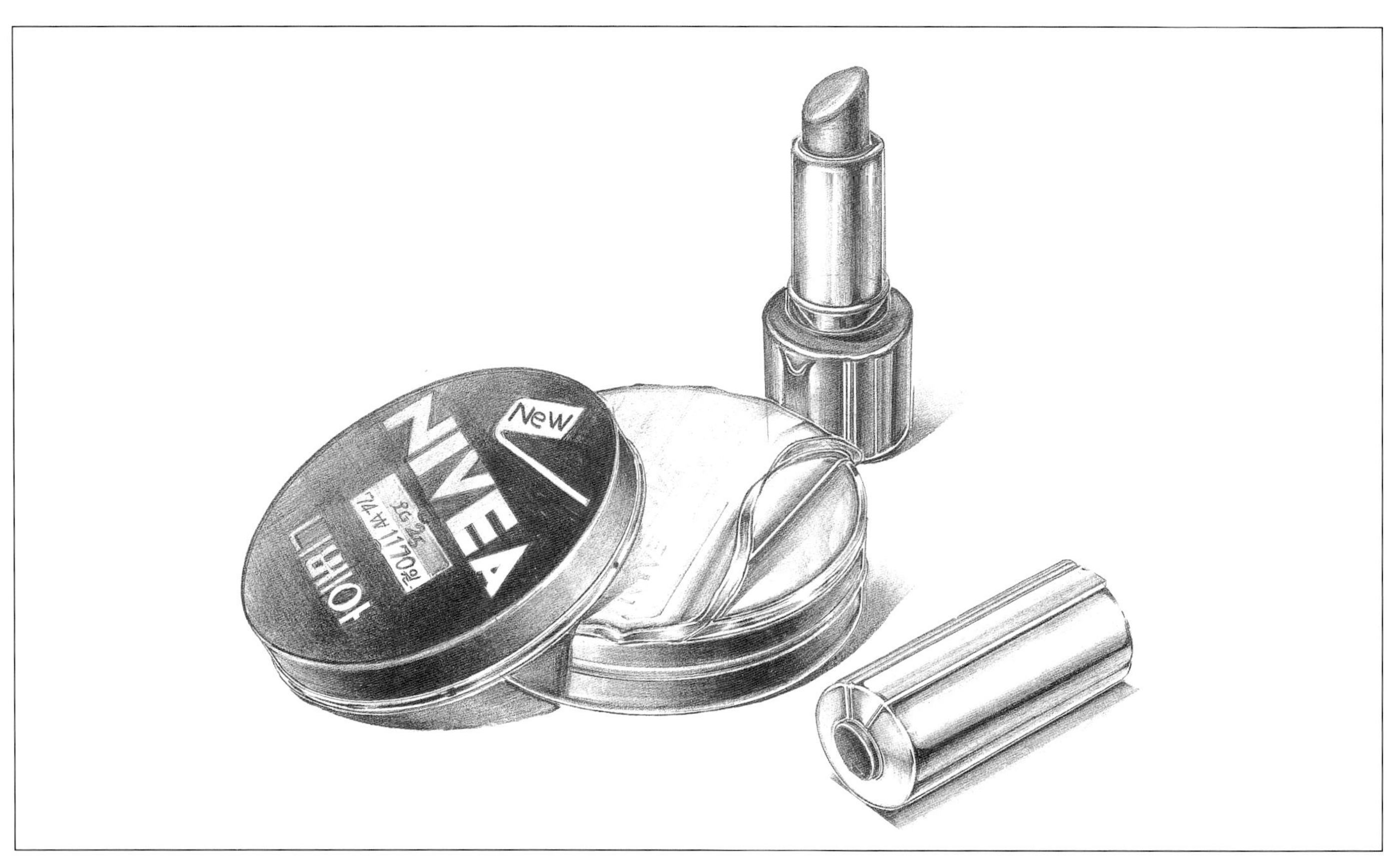

- 밝은 반사체는 명암을 부드럽게 사용하고, 하이라이트는 연결되는 느낌으로 지워서 표현한다.
- 레터링은 좀더 깔끔해야 한다.

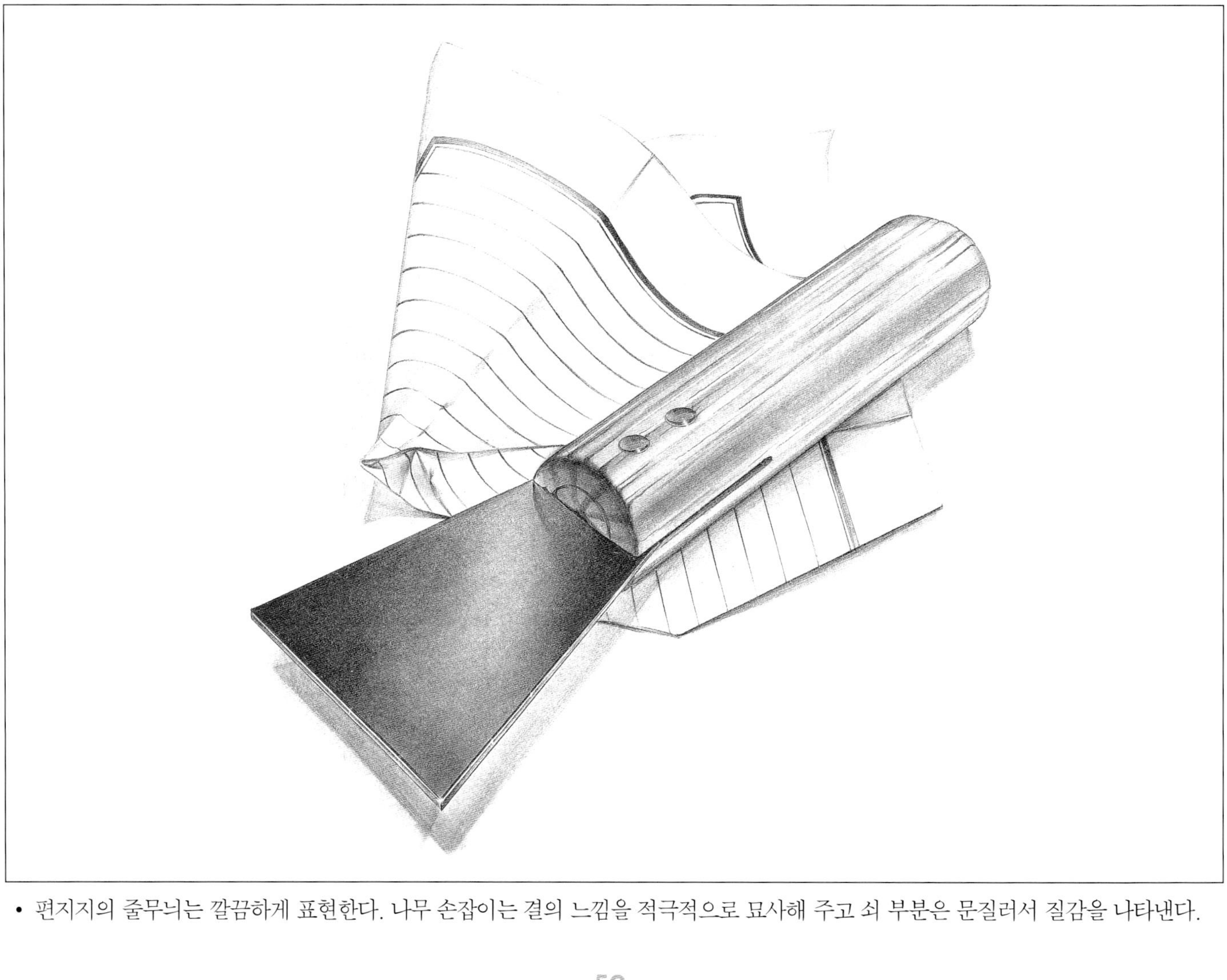

- 편지지의 줄무늬는 깔끔하게 표현한다. 나무 손잡이는 결의 느낌을 적극적으로 묘사해 주고 쇠 부분은 문질러서 질감을 나타낸다.

- 하이라이트와 명암 차이를 섬세하게 관찰하여 표현한 감각이 돋보인다.
- 캔 따개 부분의 정교한 표현도 잘 되었다.

- 고유색을 강조하여 표현한 색상이 풍부해 보인다. 특히 강조할 부분의 산뜻한 표현이 돋보이며 레터링도 깔끔하게 표현되었다.

• 풍부한 색상 변화를 표현하면서도 플라스틱과 금속의 질감 차이가 잘 표현되었다.

• 금속의 속성을 무채색의 명암 단계로 효과적으로 표현하였고, 고무와 플라스틱의 질감도 자연스럽다.

• 스텐레스의 넓은 면은 밝고 부드럽게 명암을 표현해주고, 면이 꺾이는 지점에서 명암을 강조하여 표현한다.

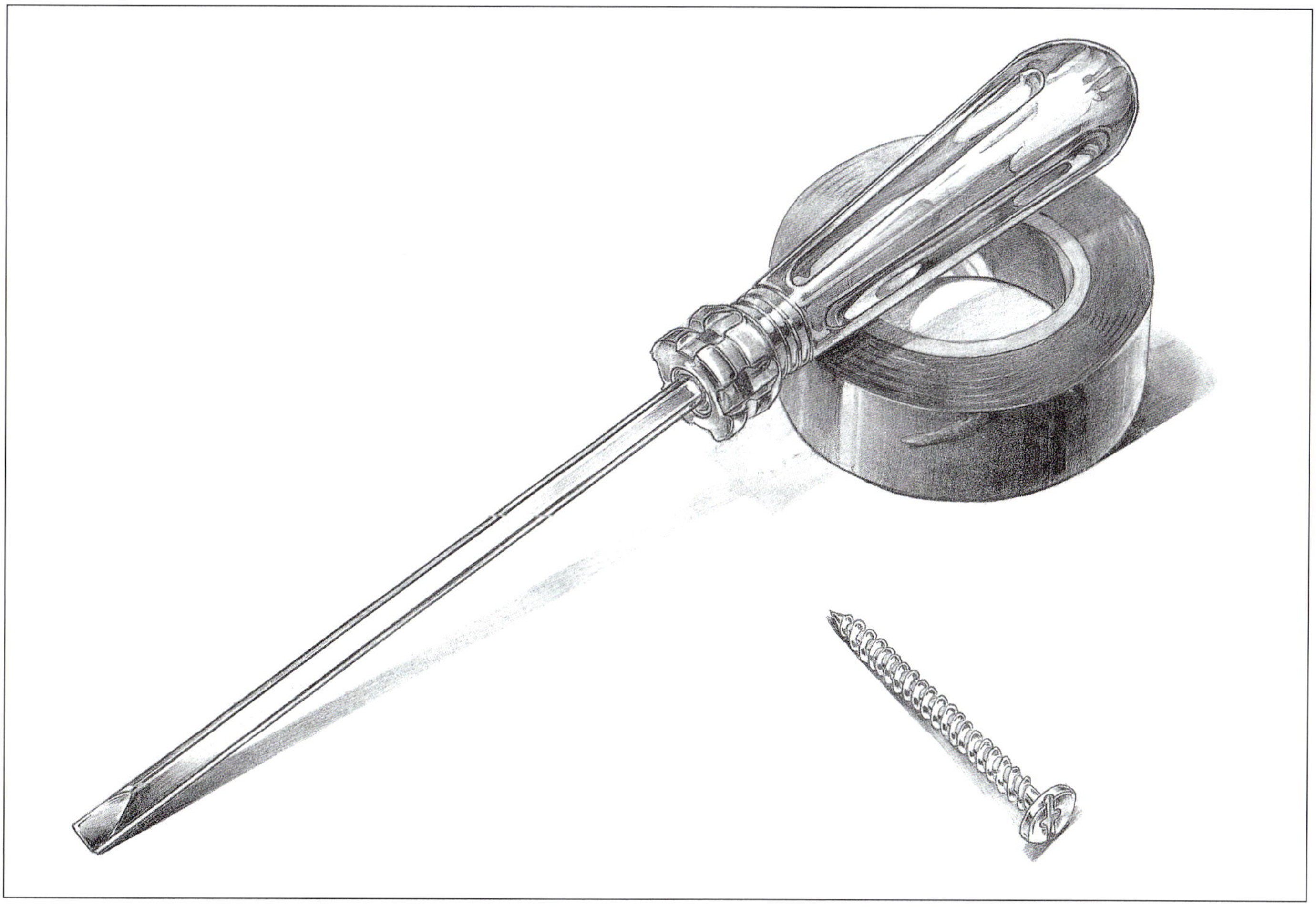

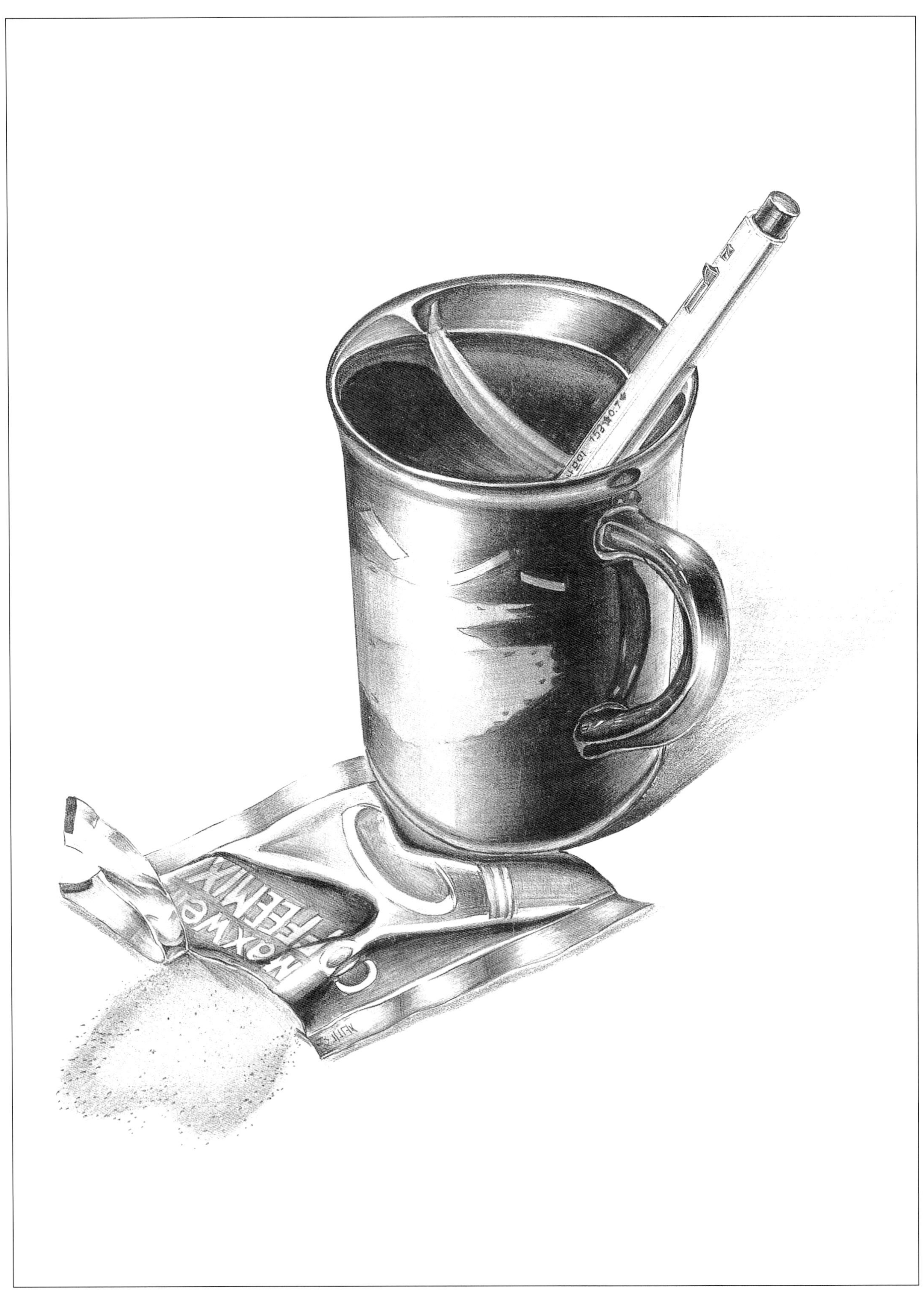

- 반사체의 하이라이트는 연결되어 나타나는 특징이 있다.
- 한 단계 더 세밀한 표현이 필요하며 레터링도 더 깔끔하게 하여야 한다.

- 금속의 느낌과 양감이 잘 표현되었다. 명암 단계를 더 세분하여 표현하였으면 좋겠고 상표가 좀더 자세하게 표현되어야 한다.

- 금속, 고무, 비닐 테이프, 종이 상표 등의 질감이 잘 표현되었다.
- 넓은 면의 표면이 마르기 전에 칠하여 붓자국 없이 표현한 세련미가 돋보인다. 레터링도 섬세하게 잘 표현되었다.

2. 비닐 및 플라스틱의 표현

투명 비닐과 투명 플라스틱은 하이라이트가 많으며 빛이 연결되어 나타나는 특징을 가지며 하이라이트 주변에 접하여 이두움이 생기기 때문에 명암 표현과 채색의 어려움이 있다. 연필 정밀묘사에서는 하이라이트를 시워서 표현하는 것이 남겨서 표현하는 것보다 쉬우며, 색채정밀에서는 하이라이트를 처음부터 남기고 채색하여야 산뜻한 표현이 될 수 있다. 비닐과 플라스틱은 워낙 하이라이트가 많아 모두 표현하기는 어려우므로 입체감을 강조할 수 있는 특징 있는 큰 것을 우선적으로 표현하며, 자세한 것들은 앞 부분을 위주로 표현하는 것이 현명하다. 불투명한 비닐과 플라스틱의 경우는 투명에 비하여 하이라이트의 수는 적으나 하이라이트가 연결되어 나타나는 특징이 있다. 주변의 사물이 비추어지지는 않으나 명암 변화와 고유색을 풍부하게 표현해 주어야 한다.

• 전체적으로 문지르지 않고 연필선을 부드럽게 반복하여 깔아주는 방법으로 그려서 입체감과 질감이 더욱 강조되어 보인다.

- 투명한 느낌이 잘 표현되었다.
  그림자는 좀더 부드럽게 해야 한다.

- 양감과 질감이 잘 표현되었고 레터링도 적당하다.
  뚜껑 부분은 어두운 부분에서 좀더 묘사해도 좋을 듯 싶다.

- 명암과 색상의 변화를 세심한 관찰을 바탕으로 효과적으로 표현하였으며, 특히 뚜껑 부분의 섬세한 표현이 돋보인다.
- 하이라이트를 남기고 칠하여 더욱 깔끔한 느낌을 준다.

- 원통의 표현은 잘 되었으나 윗 부분의 묘사가 부족해 보인다.

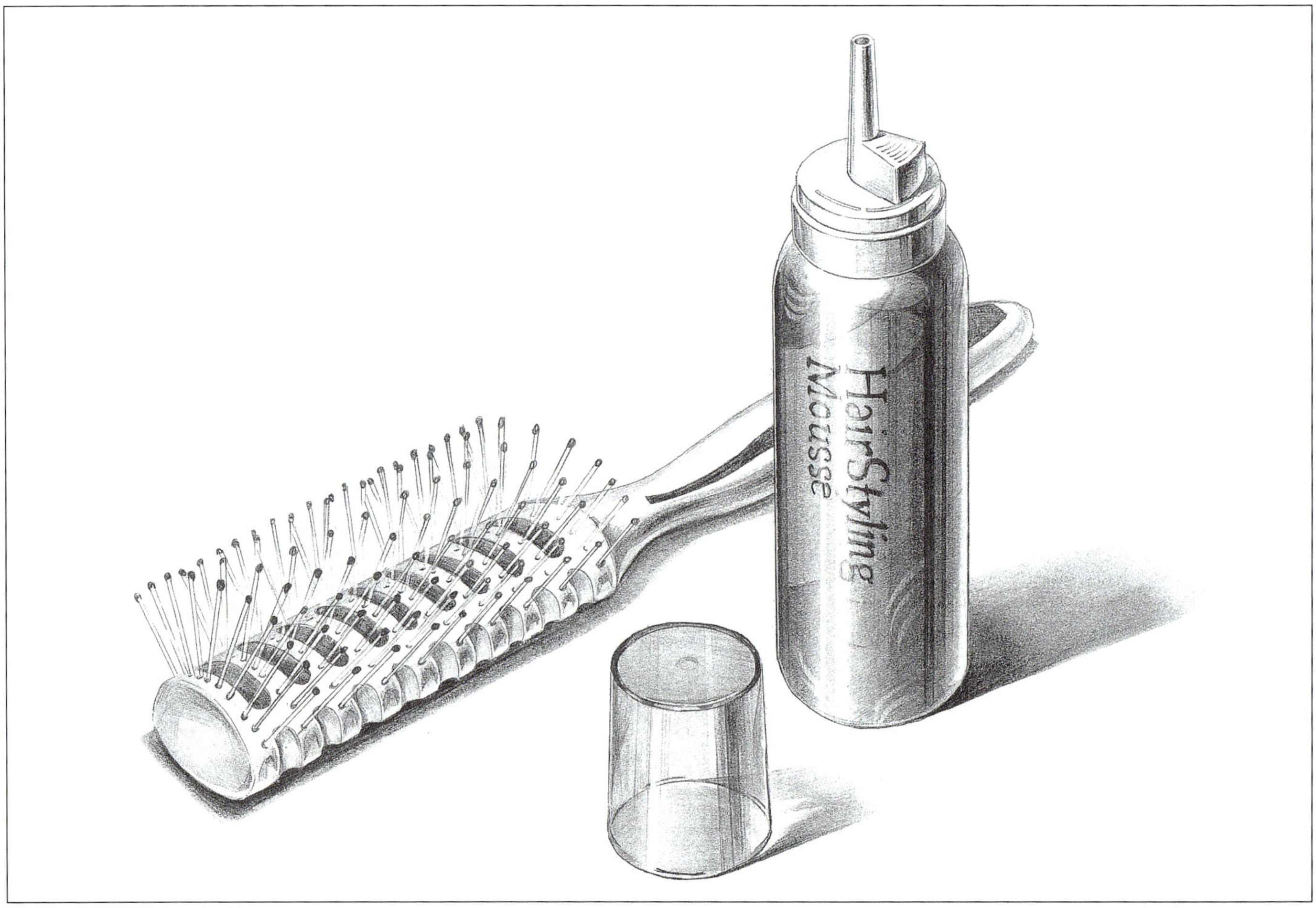

- 양감과 질감이 적절히 잘 표현되었다.

- 하이라이트를 잘 남기고 채색하여 투명한 느낌이 살아 있고, 청회색의 명암 단계가 자연스럽다.
- 색상도 시원스럽게 표현하였으나 색상을 좀더 관찰하여 풍부하게 표현해도 좋았겠다.
- 레터링이 조금 소홀해 보이는 것이 아쉽다.

- 비닐의 느낌이 잘 표현되었고, 앞 부분의 연출과 표현도 자연스럽다.

- 물체의 특징을 잘 관찰하여 표현하였다.
- 투시와 형태가 정확하고 색상도 풍부하며 묘사도 섬세하다.
- 레터링도 깔끔하게 잘 표현하였다.

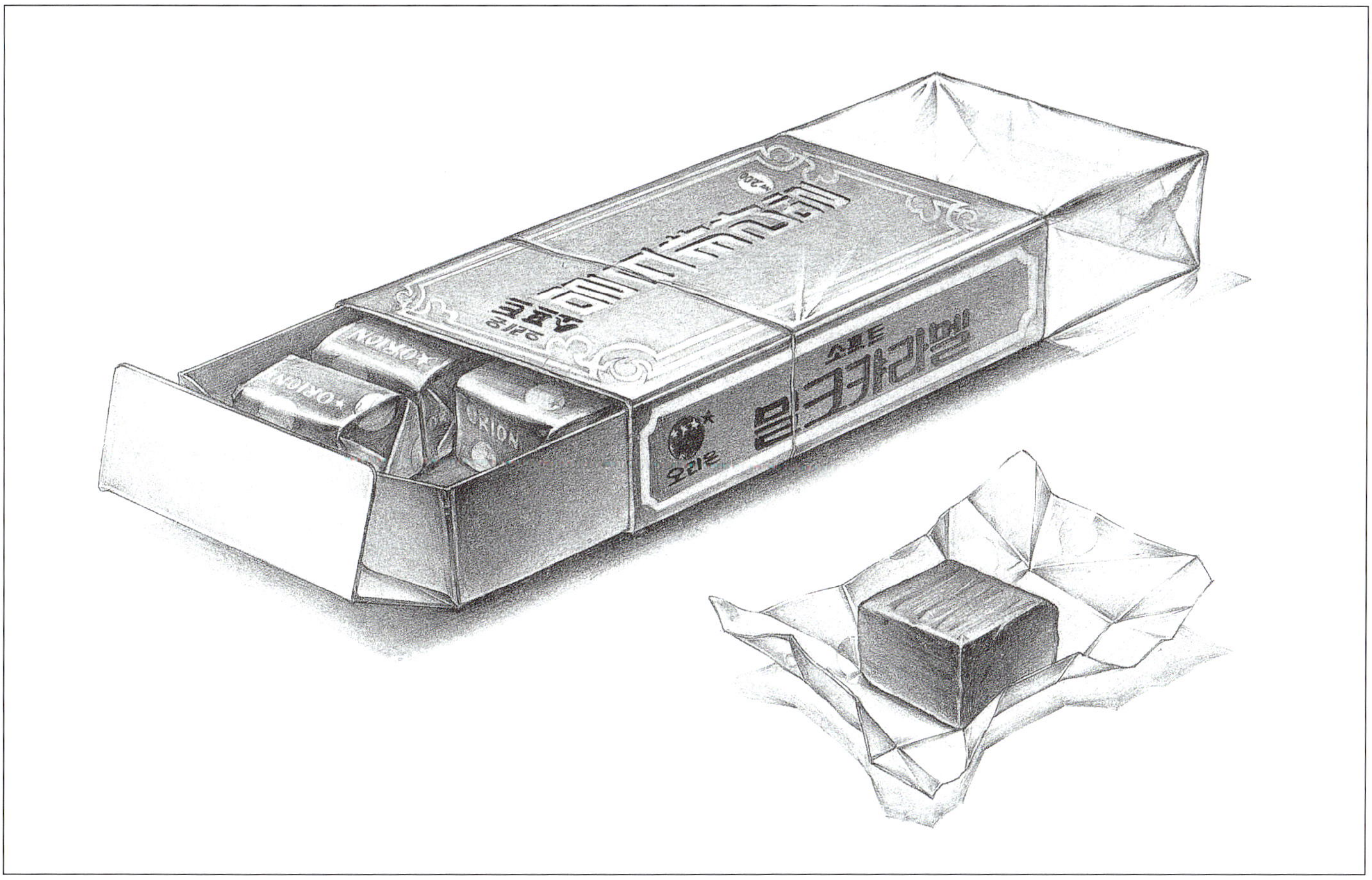

- 투명한 비닐과 밝은 종이의 표현이 자연스럽고, 레터링도 깔끔하게 표현되었다.

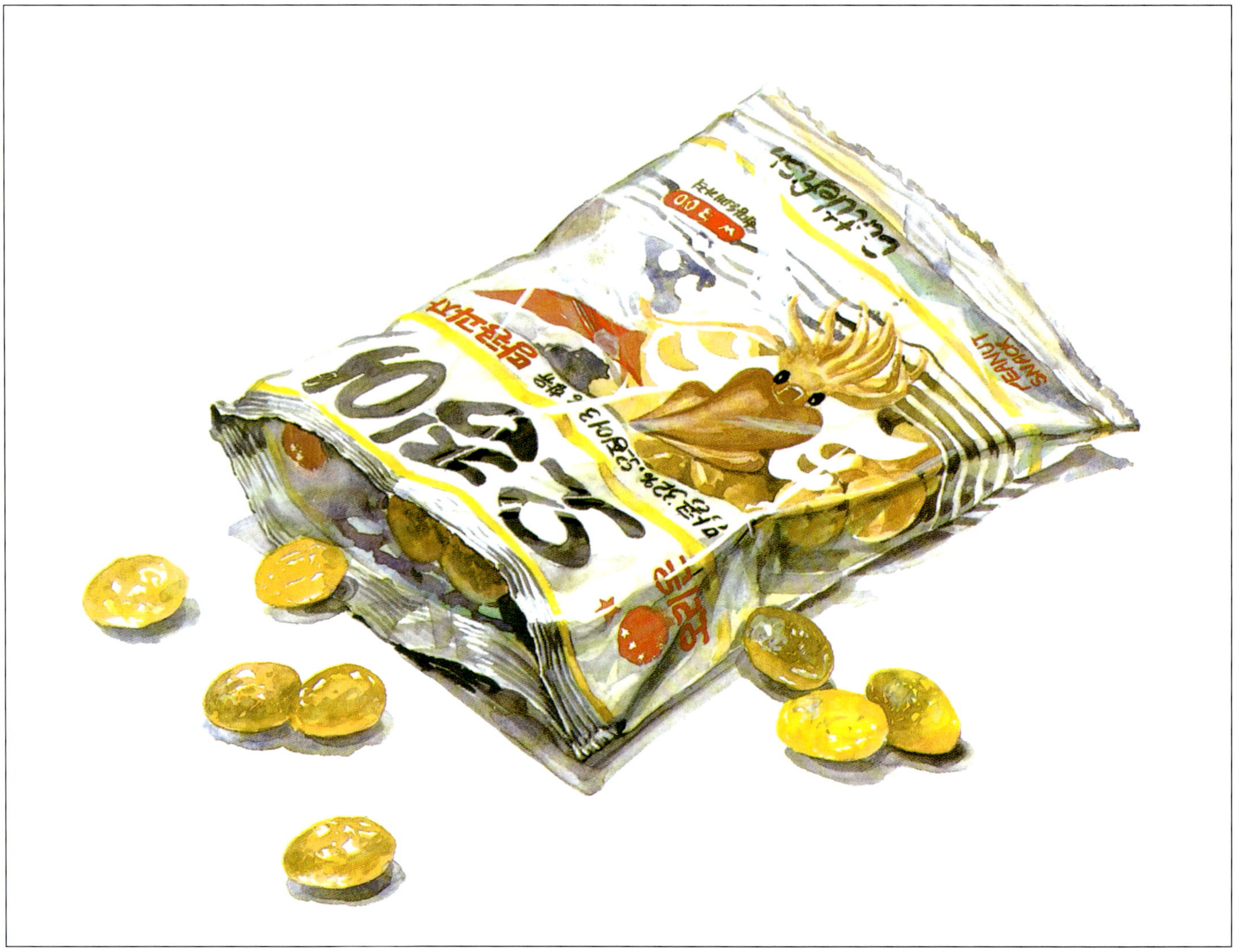

- 수채화 물감을 사용할 때 물의 양이 많아진 예인데, 촉촉한 투명 수채화의 느낌이 있어서 좋긴 하지만 부분적으로 물자국 때문에 지저분해 보일 수 있다. 레터링도 좀더 깔끔해야 하고 앞 부분의 묘사도 더 적극적으로 해야 한다.

- 비닐은 가벼우면서도 양감을 가지고 있어서 어두운 면이 연결되도록 표현하고 하이라이트도 연결되는 느낌을 주어야 한다.
- 밝은 면을 연하게 채색하고 그림자 부분에서 정확하고 명료하게 어두운 명암을 잡아주어야 실제감이 살아난다.

- 투명한 소재의 표현은 덧칠을 많이 하면 지저분해 보이기 때문에 정확하고 계산된 채색을 필요로 한다.
- 하이라이트는 의도적으로 정확하게 연결되도록 남겨서 표현하고, 질감과 명도의 변화는 어두운 부분에서 풍부하게 표현한다.

- 투명 수채화 물감의 특징을 잘 살려 밝게 채색한 효과가 돋보인다.
- 은박 접시와 빵의 앞 부분은 선명하게 표현하고 뒤로 갈수록 흐리게 표현하여 원근감을 강조한다.

- 스프와 면발의 섬세한 표현이 돋보인다.
- 은박과 비닐에서도 고유색의 변화를 표현해도 될 듯 싶다. 플라스틱 그릇은 붓 자국이 생기지 않도록 마르기 전에 채색한다.

- 앞 부분의 묘사가 덜 되었고 비닐 속의 면에 그림자가 약하다. 뒤의 채도가 높아서 원근의 표현이 부족해 보인다.

• 투명하고 밝은 물체는 레터링에 신경써서 깔끔하게 표현해 준다.

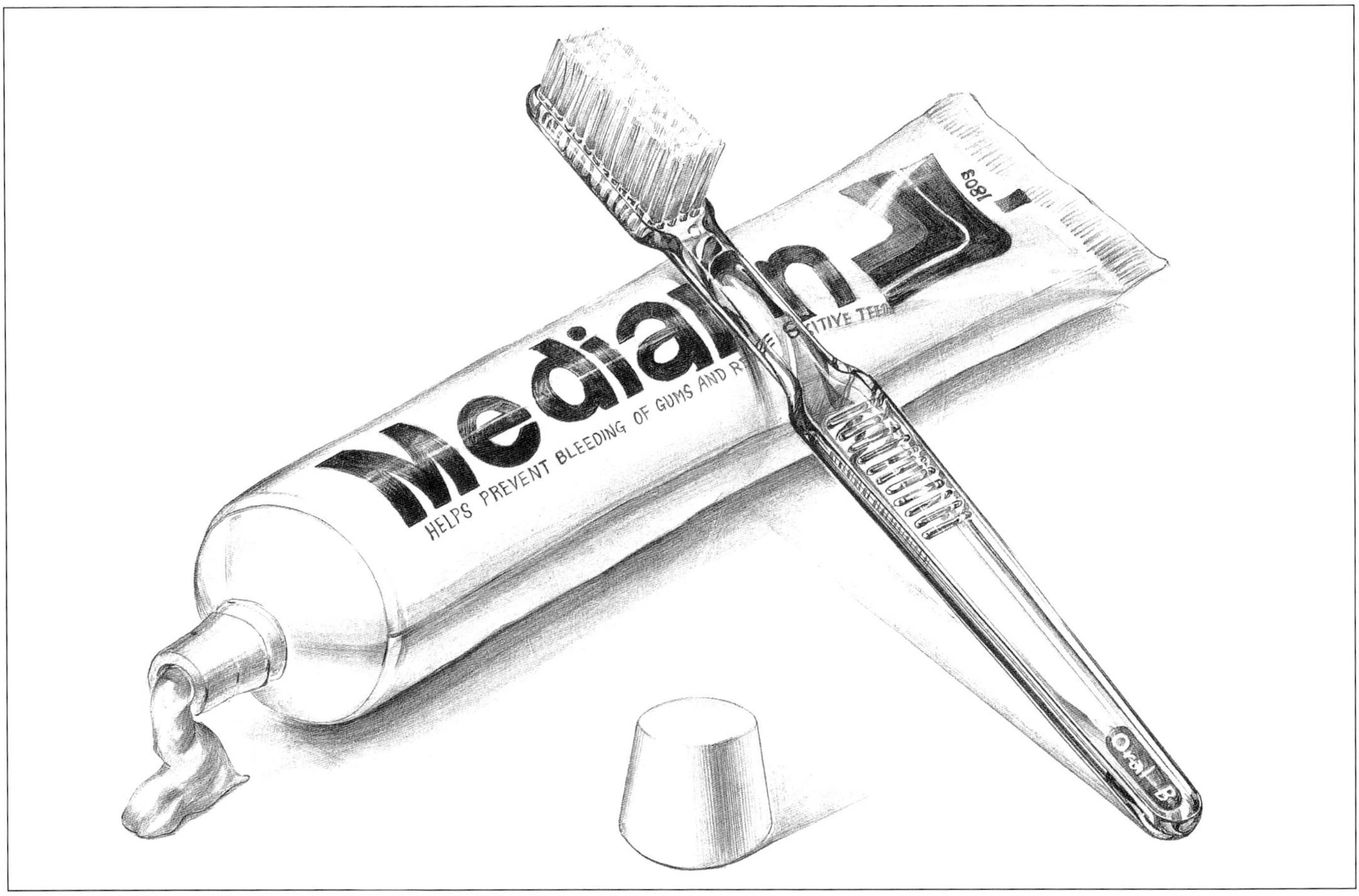

• 흰색 물체의 명암 변화는 잔잔하기에 최대한 연필자국을 절제하여 부드럽게 문질러가며 표현하였다. 칫솔 같은 투명한 물체는
  명암 변화가 심하여 주의 깊은 관찰과 섬세한 명암 단계의 표현이 필요하다. 칫솔 모는 연필선을 살려서 표현한다.

• 비슷한 색조의 사물을 함께 그릴 때는 고유색을 풍부하게 살려주면서 의도적으로 사물마다 색상의 변화를 주어야 효과적이다.

• 명암 단계가 잘 나타나 있고 앞 부분의 묘사도 잘 되었다. 색상은 좀더 풍부해도 좋았겠다.

- 반사체는 하이라이트가 강하고 반사광도 밝으므로 자신있게 연결되어 보이도록 표현한다.

- 하이라이트를 강조하여서 투명한 느낌이 잘 표현되었다.
- 붓 자국은 좀더 부드러워야 하겠고 레터링도 깔끔하게 표현하여야 한다.

- 광택이 있는 플라스틱 소재의 질감은 섬세한 명암 표현으로 나타내었다.
- 먼저 연하게 초벌 칠한 것이 마르기 전에 명암 단계를 만들어주어 자연스럽고 세련되어 보인다.

- 투명한 플라스틱 질감이 잘 표현되었다.
- 넓은 면을 붓 자국 없이 은은하게 칠한 세련미가 돋보이며, 그림자의 표현도 부드럽고 자연스럽다.

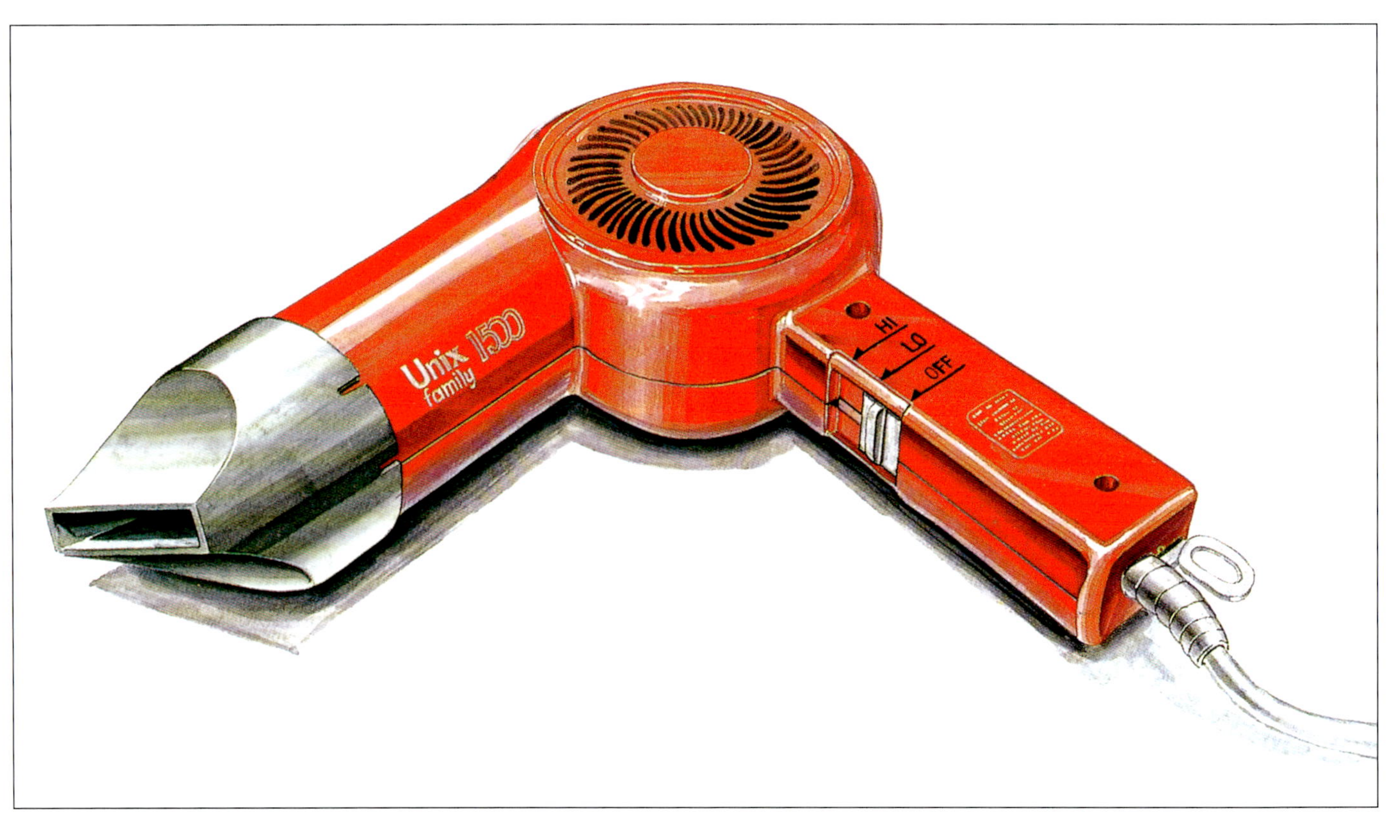

- 앞 부분의 고유색을 풍부하게, 면 표현은 섬세하게 하였고, 뒤로 갈수록 채도와 명도를 낮추어서 원근을 강조하였다.
- 유채색과 무채색의 대비가 잘 표현되었으며, 마무리 단계에서 하이라이트를 정교하게 덧칠하여 표현하였다.

- 그라데이션이 치밀하고 효과적으로 표현되었으며, 레터링도 깔끔하게 표현하였다.

3. 종이와 천, 가죽의 표현

종이와 천은 명암 변화가 그라데이션의 단계로 순차적으로 나타나며 하이라이트가 복잡하지 않고 갑작스러운 명암 변화가 적은 특징이 있다. 종이와 천은 무게가 비교적 가볍기 때문에 그릴 때 강한 표현은 자제하고 연필 정밀묘사에서는 티슈로 문지르거나 연필을 눕히는 등 부드럽게 표현할 수 있는 기법을 활용한다.
색채 정밀화에서는 물방울과 겹칠 때 붓 터치가 강해지지 않도록 조심하여 표현하도록 한다.

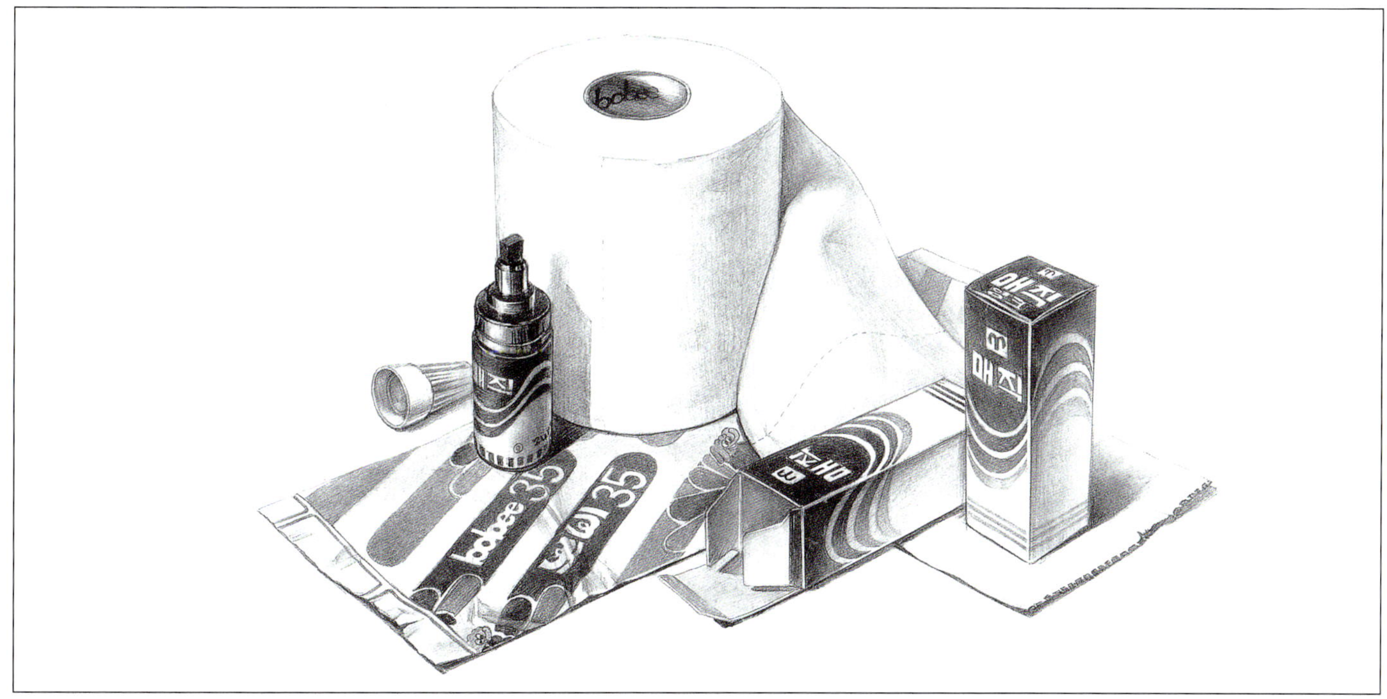

- 넓은 면의 명암 표현은 연필을 깔아준 후 휴지로 문질러 표현한다.
- 검정 매직과 흰 두루마리 휴지의 명암 차이가 분명하도록 강조하여 표현하였다.

- 종이는 접힌 부분에서 강조해주고 면은 부드럽게 표현한다.

- 연필을 눕혀서 빠른 속도로 그린 그림이나 검정 비닐과 흰 휴지의 대비가 효과적이다.
- 앞 부분은 한 단계 정밀하게 그리는 것이 효과적이다.

- 물방울이 남지 않도록 하고 레터링은 마른 후에 깔끔하게 한 번에 채색한다.
- 밝은 종이 질감의 채색은 앞 부분은 따뜻한 느낌의 회색조를 사용하고 뒤로 갈수록 차가운 느낌으로 채색한다.

- 수채물감의 물 양이 많아서 얼룩이 생겼으나 종이 질감은 잘 표현되었다.
- 그림자에서 강약이 표현되어야 자연스럽게 된다.

- 종이는 명암의 차이가 심하지 않으므로 부드럽게 표현한다.
- 스텐레스는 명암 차이가 심하므로 면이 접히는 부분이나 변형이 시작되는 부분에 집중적인 명암 표현을 하여야 한다.

- 신문, 종이컵 등의 밝은 소재는 B 등급의 진하지 않은 연필로 깔아주는 것이 좋다.
- 초벌 명암이 너무 진하면 거칠어지기 쉽다. 마무리는 연필을 세워 선을 살려서 표현한다.

- 양감과 질감은 표현이 되었으나 좀더 섬세한 표현이 요구된다.

- 금속, 나무, 종이, 비닐의 질감이 잘 표현되었고 풍부한 색감과 함께 묘사도 잘 되었다.

• 투시를 강조하여 표현하였다. 물을 많이 사용하면 얼룩이 생기게 된다.

• 고유색을 자세히 관찰하여 풍부하게 표현하였고, 명암의 단계가 자연스럽다.

• 물의 양이 많으면 투명한 느낌이 생기나 얼룩이 생기게 된다.

- 종이와 과자의 질감이 잘 표현되었으며, 색상도 풍부하고 명암처리도 세련되었다. 레터링도 깔끔하다.
- 뒤로 갈수록 채도를 낮추어 원근감이 강조되었다. 특히 종이 봉투의 구김을 연하고 섬세하게 표현하여 자연스러워 보인다.

- 앞 부분의 물의 양을 적게 하고, 뒤쪽은 물을 많이 사용하여 원근을 표현한다.
- 앞 부분은 세밀하게 표현하고 부분적으로 덧칠과 닦아냄으로 천의 질감을 나타낼 수 있다.

- 섬세한 관찰과 선명한 색상의 대비가 돋보이나 앞 부분의 과자는 한 단계 더 묘사하는 것이 효과적이다.

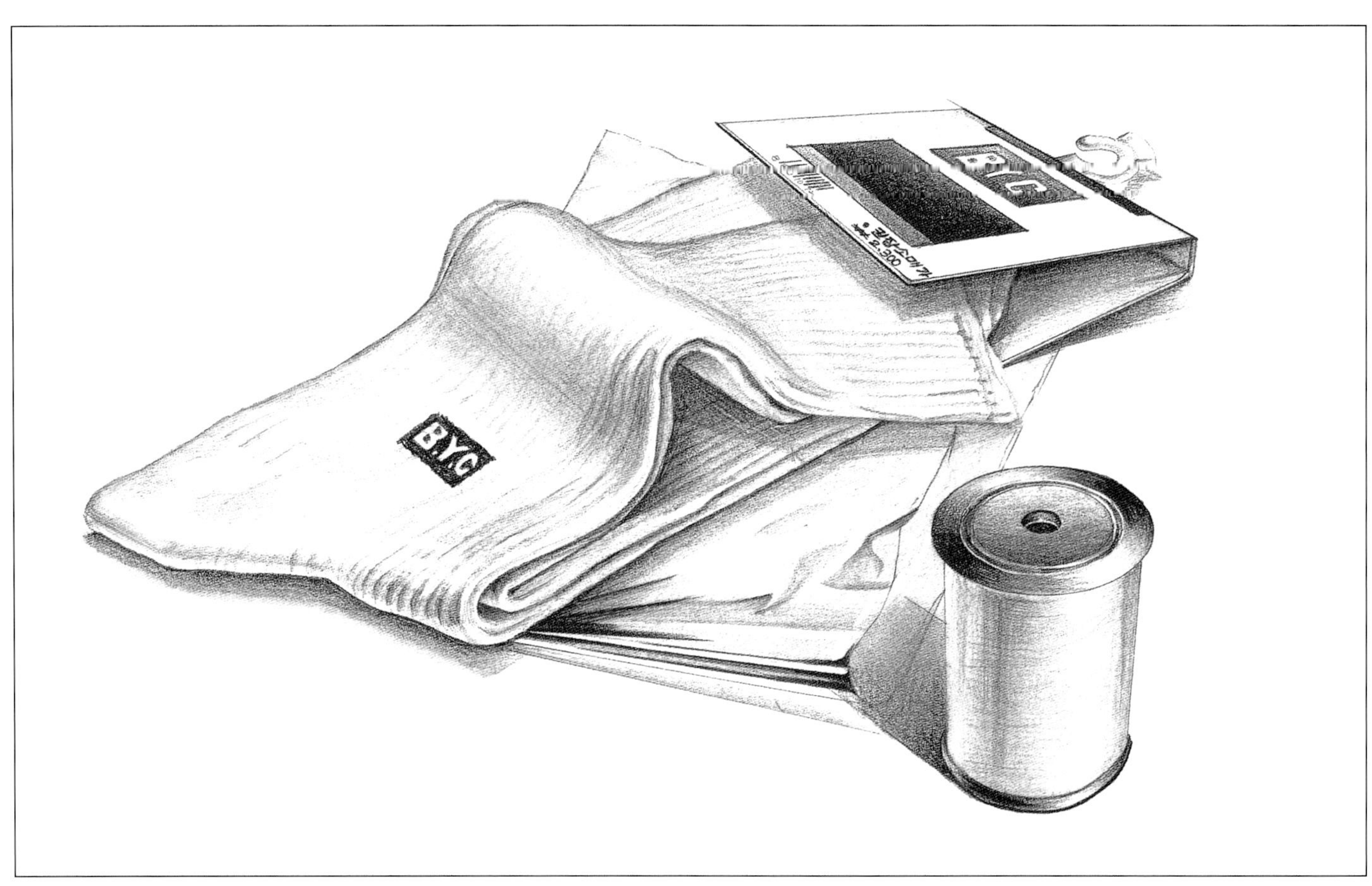

• 부드러운 소재의 사물은 연필을 최대한 부드럽게 사용한다.

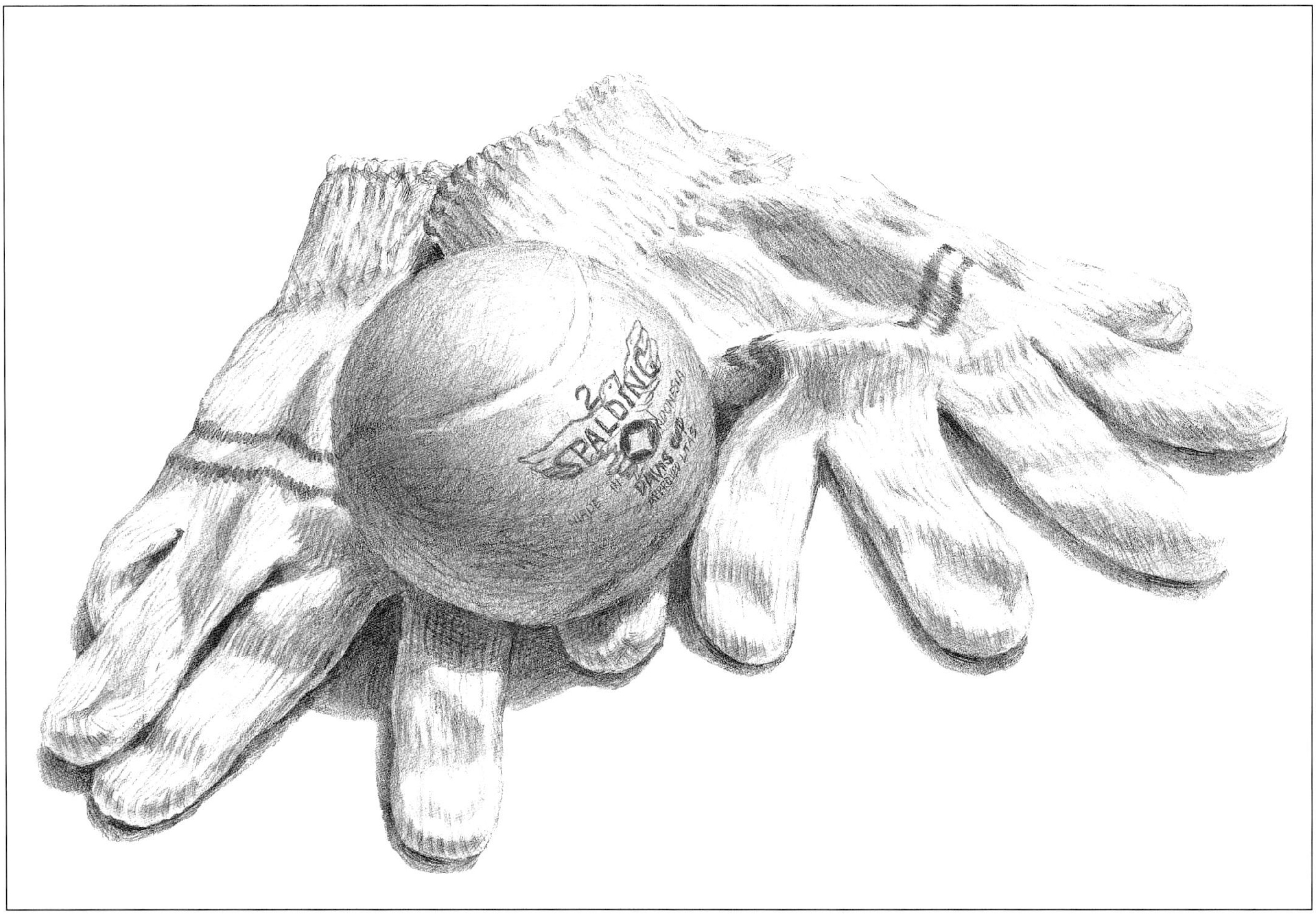

• 면 장갑의 질감과 테니스 공의 질감이 잘 표현되었다.
• 부드러운 질감의 표현은 연필선이 지나치게 강해지지 않도록 주의한다.

- 면 장갑과 종이의 질감이 섬세하게 표현되었다.
- 먼저 연한 명암으로 입체감을 표현한 후 세필로 섬세하게 묘사하였다.

- 소재의 질감에 따라 연필을 부드럽게 사용하여 자연스럽고 세련되어 보인다.
- 앞 부분의 버섯은 좀더 묘사하여도 될 듯하다.

- 가죽 질감과 고무 질감의 차이가 잘 표현되었으나, 가죽의 구김은 좀더 섬세하여야 한다.

- 넓은 면의 명암은 연필가루를 부드럽게 문질러서 표현하였다.
- 하이라이트와 반사광은 지우개로 예리하게 지워서 표현하였다.

- 관찰을 통하여 섬세한 붓놀림으로 채색한 테크닉이 돋보이며, 레터링도 산뜻하다.

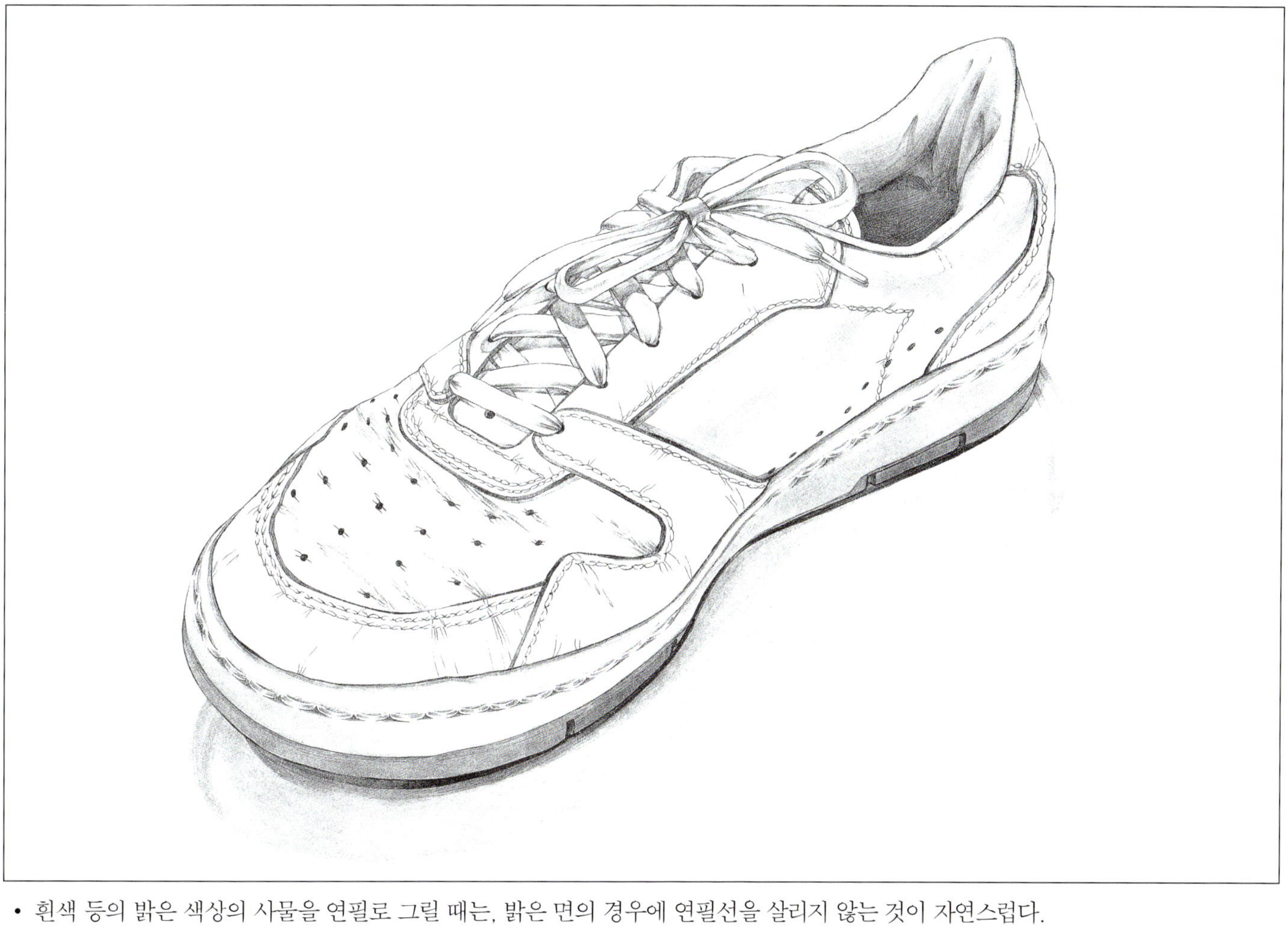

- 흰색 등의 밝은 색상의 사물을 연필로 그릴 때는, 밝은 면의 경우에 연필선을 살리지 않는 것이 자연스럽다.
  다만 접합 부분이나 그림자의 시작 부분 등은 명암을 강조하여 표현해주고, 가죽의 구김도 부드러운 명암으로 표현한다.

• 4B~6B 연필을 눕혀서 풍부한 톤이 느껴지도록 질감 차이를 관찰하여 적극적으로 표현한다.

- 양감을 살려 채색한 후 살짝 닦아내며 천 질감을 표현하였다.
- 하이라이트는 덧칠하여 표현하였다.

- 색조의 표현이 풍부하고 레터링도 정교하다.
- 보리 이삭을 불투명으로 표현하였다.

4. 컵과 유리병의 표현

유리의 재질은 딱딱하며 반사와 투명의 특성이 있다. 두께의 변화에 따라 투명의 정도가 달라지고 명암과 색조도 차이를 보이게 되며 굴절현상도 있어서 세심한 관찰이 필요하다. 복잡 미묘한 유리의 표현은 반사가 심한 금속처럼 빛의 각도에 따른 명암과 색상의 변화를 고려해야 하고, 주위의 물체가 유리에 비추어 보이기 때문에 이를 반영한 표현도 매우 중요하다. 유리병은 대부분 기계적으로 찍어내기에 좌우 대칭의 구조를 가지며 병 목이나 바닥면 등 두께가 달라지는 경계선에서 집중적으로 색상과 명암 변화가 심하기 때문에 이러한 특성을 잘 관찰하여 자신있게 표현하는 것이 필요하다. 색채 정밀화에서 하이라이트는 처음부터 남기고 표현하는 것이 자연스럽고 산뜻하지만 부득이한 경우 흰색으로 덧칠하여 표현하고 물방울이 많지 않도록 유의한다. 반사광도 적극적으로 표현하는 것이 좋다. 연필 정밀묘사에서는 매끄러운 유리질감과 양감의 강조를 위하여 연필선을 전체적으로 부드럽게 깔고 문질러 표현해주고 하이라이트는 지우개로 예리하게 지워서 표현하는 것이 자연스럽고, 명암 차이는 면이 적당히 나타나도록 단계가 느껴지게 표현하는 것이 입체감이 잘 나타난다.

- 유리컵과 숟가락 은박지의 명암이 섬세하게 표현되어서 자연스럽다.
- 명암 차이가 심한 사물은 붓 자국으로 면을 나타내는 것이 효과적이다.
- 초콜릿 같은 소재는 부드럽게 보이도록 붓 자국을 줄여서 표현하였다.

- 연필선을 반복적으로 쌓아가며 표현하여 유리의 질감이 더욱 단단해 보인다.
- 하이라이트와 반사광이 더 있어도 될 듯 싶다.

- 사진이나 실물보다 더 실감나게 그려진 회화적 리얼리티가 잘 살아있는 그림이며, 물방울의 표현이 돋보여서 더욱 생동감이 살아난다.
- 형태가 정확하고 색상도 풍부하며, 투명 수채화의 맑은 느낌이 나타난다. 병의 아래 부분은 약간 불투명하게 색 변화를 주었다.

- 연필선을 문질러 넓은 면을 표현하고 좁고 심한 명암 차이는 연필선을 살려서 표현하였다.

- 하이라이트는 섬세하게 관찰하여 처음부터 남기고 칠해야 경쾌해 보인다.

- 유리 질감과 하이라이트를 이용한 빛의 표현이 강조되었다.
- 어두운 명암을 한 단계 강조하고 세분하여 표현하면 더 완성도를 높일 수 있다.

- 고유색을 관찰하여 풍부하게 표현하였고 질감의 차이도 잘 나타내었다. 그림자의 채도는 더 낮아도 좋겠다.

- 투명유리와 뚜껑이 더 깔끔히 긴긴이 진 표현되었다.
- 레터링이 좀더 깔끔해야 하고
  상표의 고유색이 더 풍부해야 한다.

- 자연스러운 구도에 질감 표현도 잘 되었으나
  그림자는 조금 강해진 느낌이다.

- 연필선을 부드럽고 조밀하게 하여 양감 표현이 강조되었다.
- 병 목이나 컵 입구 등의 중요 부분의 묘사도 잘 되었다.

- 하이라이트는 가급적 남겨서 표현하는 것이 투명해 보인다.

- 유리의 질감과 하이라이트도 잘 살려 주었으나,
  처음에 남긴 부분이 적어서 조금 답답해 보인다.

- 부드럽게 문질러서 질감을 표현하고 연필선을 촘촘하고 밀도있게 사용하여 명암을 만들어 나간다.
- 유리의 깨진 면과 두꺼운 부분은 명암 차이가 심하므로 강조하여 자신있게 표현한다.

- 유리 구두와 표주박의 상이한 질감이 대조적으로 잘 표현되었다.

5. 과일과 야채류의 표현

과일이나 야채들의 자연물은 수분 함량이 높아 생기있어 보이므로 확산체와 반사체의 중간 정도의 느낌으로 표현할 필요가 있다. 하이라이트는 반드시 강조하여 표현하여야 산뜻하고 싱그러운 느낌을 줄 수 있다. 그러나 유리나 금속처럼 하이라이트가 많지 않고 반사광도 강하지 않음에 유의해야 한다. 표면질감의 정도에 따라 매끄럽기도 하고 단단하기도 하며 무르기도 하므로 잘 관찰하고 만져보아서 정확한 느낌을 표현하도록 한다. 과일이나 야채는 대칭이나 고정된 형태가 있는 것은 아니지만 각 사물의 속성이 반영된 고유의 특징이 있으므로 잘 관찰하여 표현하여야 한다.

• 과일과 접시의 양감을 살려서 표현하였고, 명암의 대비를 강조하여 신선한 과일의 느낌을 표현하였다.

• 전체적으로 양감을 살려 입체감 있게 표현하고, 앞 부분의 면을 세밀하게 나누어 섬세하게 표현한다.

• 연필선을 밀도있게 쌓아나가면서 명암을 표현하였다.
• 그림자는 부드럽게 문질러서 표현하고 강조하고자 하는 중요 부분은 연필선을 살려서 묘사하였다.

- 고유색을 풍부하게 표현하고자 하였다. 무에서 밝은 색상의 변화가 부족하여 단조롭게 보일 수 있다.

- 야채의 싱싱함을 고려하여 고채도로 깔끔하게 표현하였다.
- 파뿌리의 앞 부분은 세필로 묘사하였고 뒤 부분까지 관찰하여 섬세하게 표현하였다.

- 양파의 고유색을 풍부하게 표현하였고 양감도 살 살려 주었다.
- 빛 방향을 중심에 두어 양쪽 명암이 비슷하게 되어
  색과 명암의 차이가 단조로워졌다.

- 바나나의 고유색을 풍부하게 표현하였다.

- 섬세한 관찰력과 적극적인 표현이 돋보이나, 그림자의 얼룩이 심해졌다.

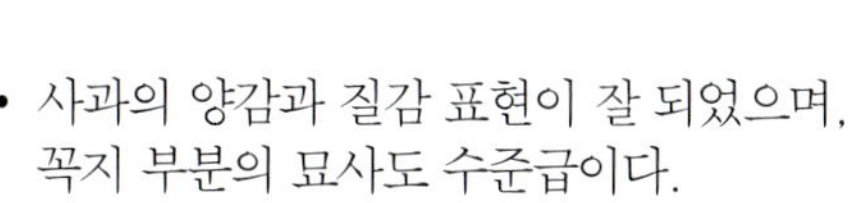

- 사과 고유의 색을 풍부하게 표현하였다.
- 꼭지 부분에서 세필을 이용하여 한 단계 섬세하게
  묘사하는 것이 필요하며, 그림자가 너무 강하게 표현되었다.

- 사과의 양감과 질감 표현이 잘 되었으며,
  꼭지 부분의 묘사도 수준급이다.
- 그림자가 단조로워서 답답해 보인다.
- 그림자의 외곽을 흐려줘도 좋을 듯 싶다.

어류를 건조시키면 표면 광택이 줄어들고 주름이 생기는 등 고유 형태의 변형이 생기면서 양감이 줄어 든 특징을 가진다. 묘사 중심으로 표현하면 양감이 깨어지기 쉬우니 건어물 역시 신세석인 양감에 든 면을 먼저 표현하고 그 다음에 자세한 표현을 하여야 할 것이다. 건어물은 수분이 빠지면서 색소도 적어지기 때문에 관찰을 하지 않고 그리면 단조롭게 되기 쉽다. 자세히 들여다 보면 고유 색상의 풍부한 변화가 있기 때문에 이를 적극적으로 표현하여야 호소력 있는 그림이 된다.

- 북어를 섬세하게 관찰하여 자연스럽게 표현하였다.
- 머리의 명암차이를 강조하여 양감과 원근감이 강조되고 뒤로 갈수록 부드럽게 그려져 질감 차이가 풍부해 보인다.

- 북어와 마늘은 색상이 단조로워 보이나 가까이 관찰하면 갈색 계통 안에서도 많은 색을 발견할 수 있다.

- 특징을 강조하여 표현하였다.
- 고유색을 더 풍부하게 사용하면 현실감이 살아난다.

- 오징어를 관찰하여 섬세하게 표현하였으며, 선이 강조되어 개성이 있어 보인다.
- 앞 부분은 좀더 집중적으로 묘사하여도 좋겠다.

- 자연물에 있는 풍부한 고유색을 관찰하여 다채롭게 표현하였다.
- 앞 부분은 채도를 높이고 섬세하게 묘사하였으며 전반적으로 질감 표현이 매우 뛰어나 보인다.
- 뒤로 갈수록 채도를 낮추면 좋겠고 오징어 그림자는 딱딱해 보인다.

7. 정물을 들고 있는 손의 표현

여러 개의 정물을 동시에 그릴 때에는 중요한 정물이 돋보이면서 자연스럽고 변화가 있도록 배치하여야 한다.
각 정물의 특징이 잘 나타나도록 관찰하여 표현하고 주제의 앞 부분의 정물은 섬세하게 완성도를 높여 표현한다.
인체의 부분을 그릴 때에도 특징이 잘 나타나도록 배치하여야 한다. 인체는 살아 있고 뼈대에 힘줄과 핏줄, 근육
과 피부가 덧입혀 있기에 이러한 구조적 특성과 피부 질감의 따뜻하고 부드러운 느낌을 표현하는 데 힘써야 한다.

• 손과 사과의 질감은 4B연필을 눕혀 부드럽게 깎아서 표현하고, 세부 명암은 2B연필을 뾰족하게 갈아서 사용하였다.

- 컵은 투명 수채화로, 손은 불투명 수채화로 표현하였다.
- 컵의 명암 단계가 더 있어야 자연스럽겠고 하이라이트도 적게 표현되었다.

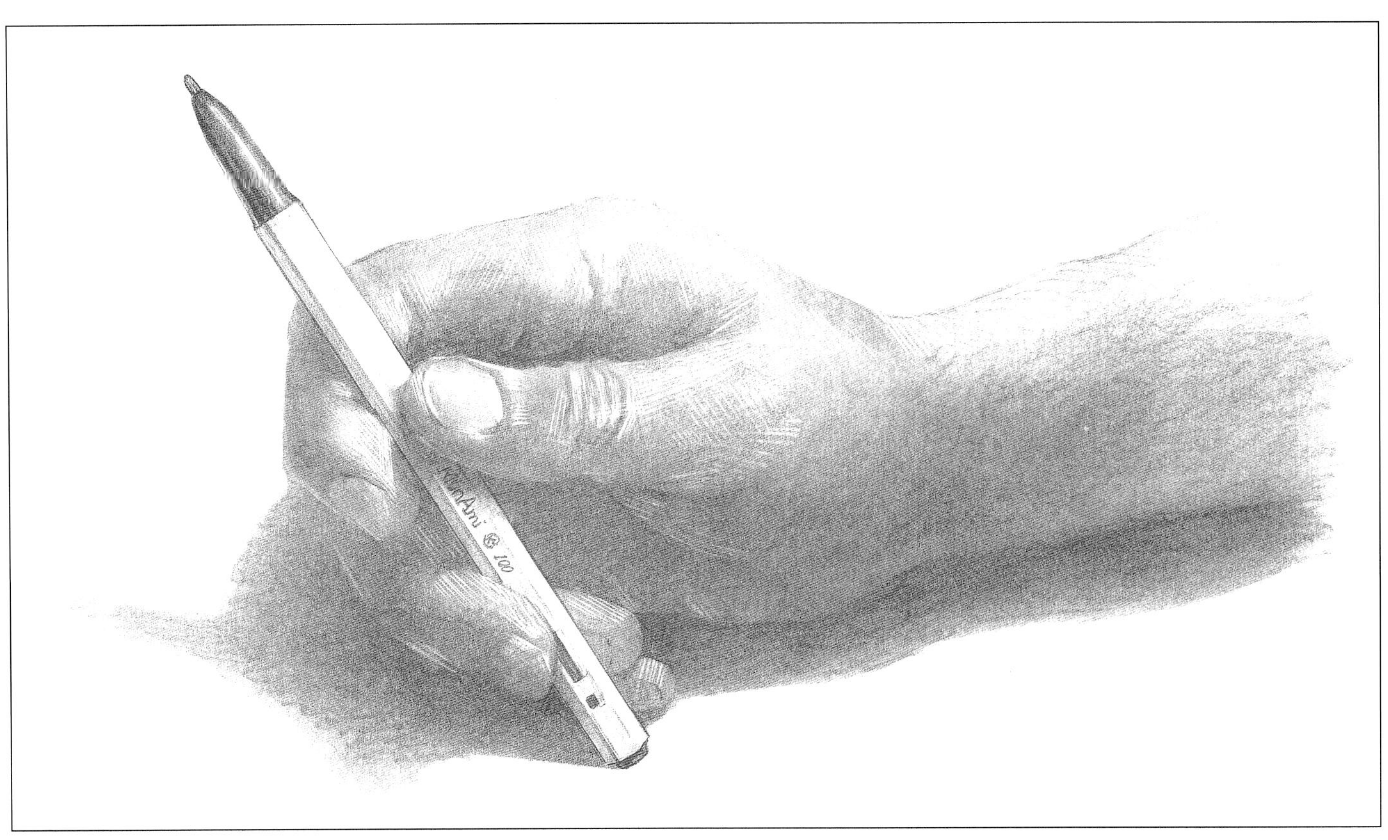

- 손의 양감이 잘 표현되었으나 손가락에서는 한 단계 더 섬세한 묘사가 필요하다.

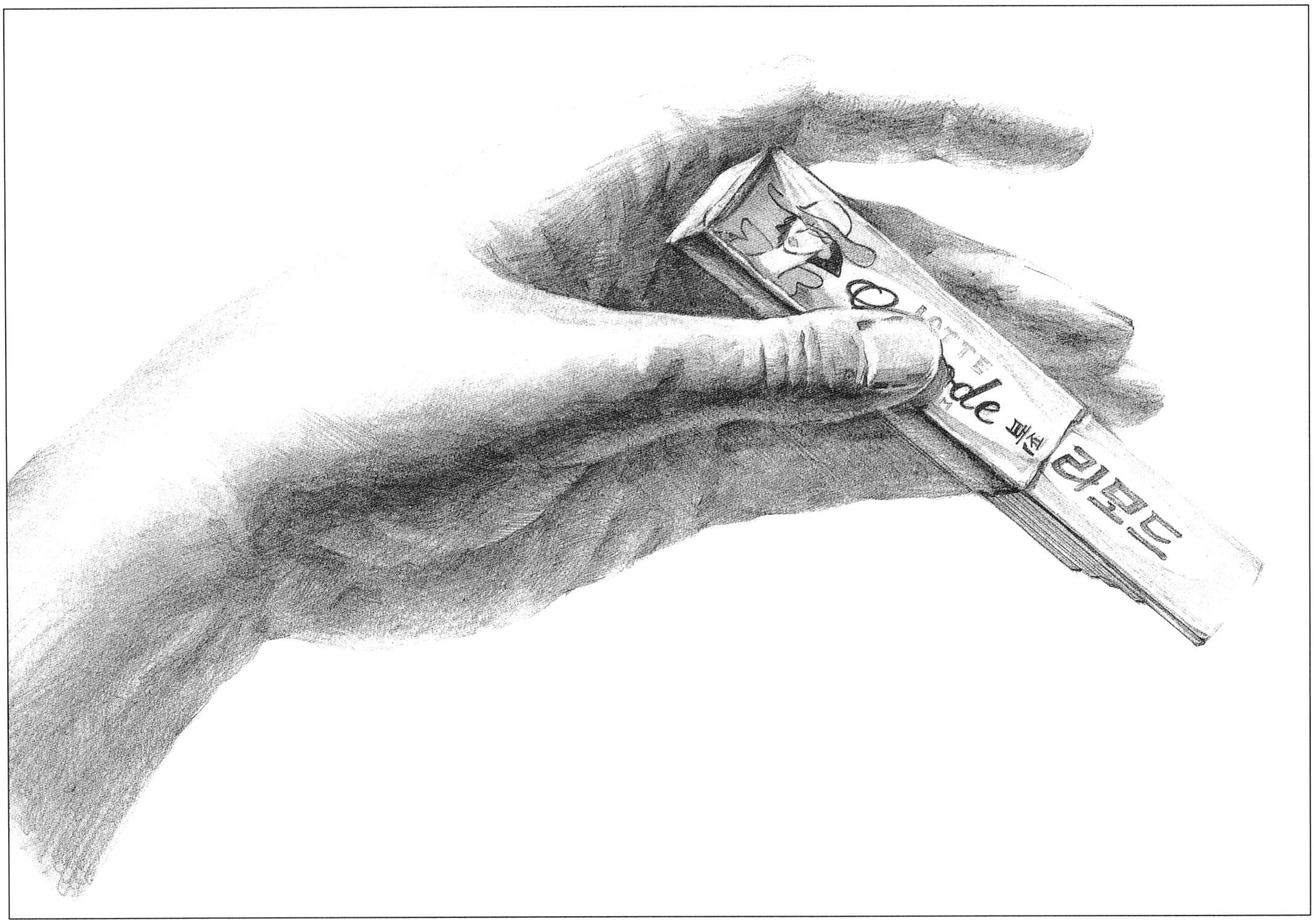

- 손의 표면 질감은 부드럽기에 연필을 눕혀서 충분히 깔아주며 양감을 먼저 표현하는 것이 효과적이다.
- 손의 양감과 빛의 느낌이 잘 나타나도록 표현하고자 하였다.
- 엄지 손가락 부분은 좀더 섬세한 묘사가 되어야 한다.

- 엄지 손가락을 강조하고 손의 양감을 살려서 표현하였다.
- 살결의 질감을 나타내고자 연필을 부드럽게 사용하였으며, 어둡게 넘어가는 경계면은 선을 살려 강조하였다.

8. 기타 여러 가지 정물 표현

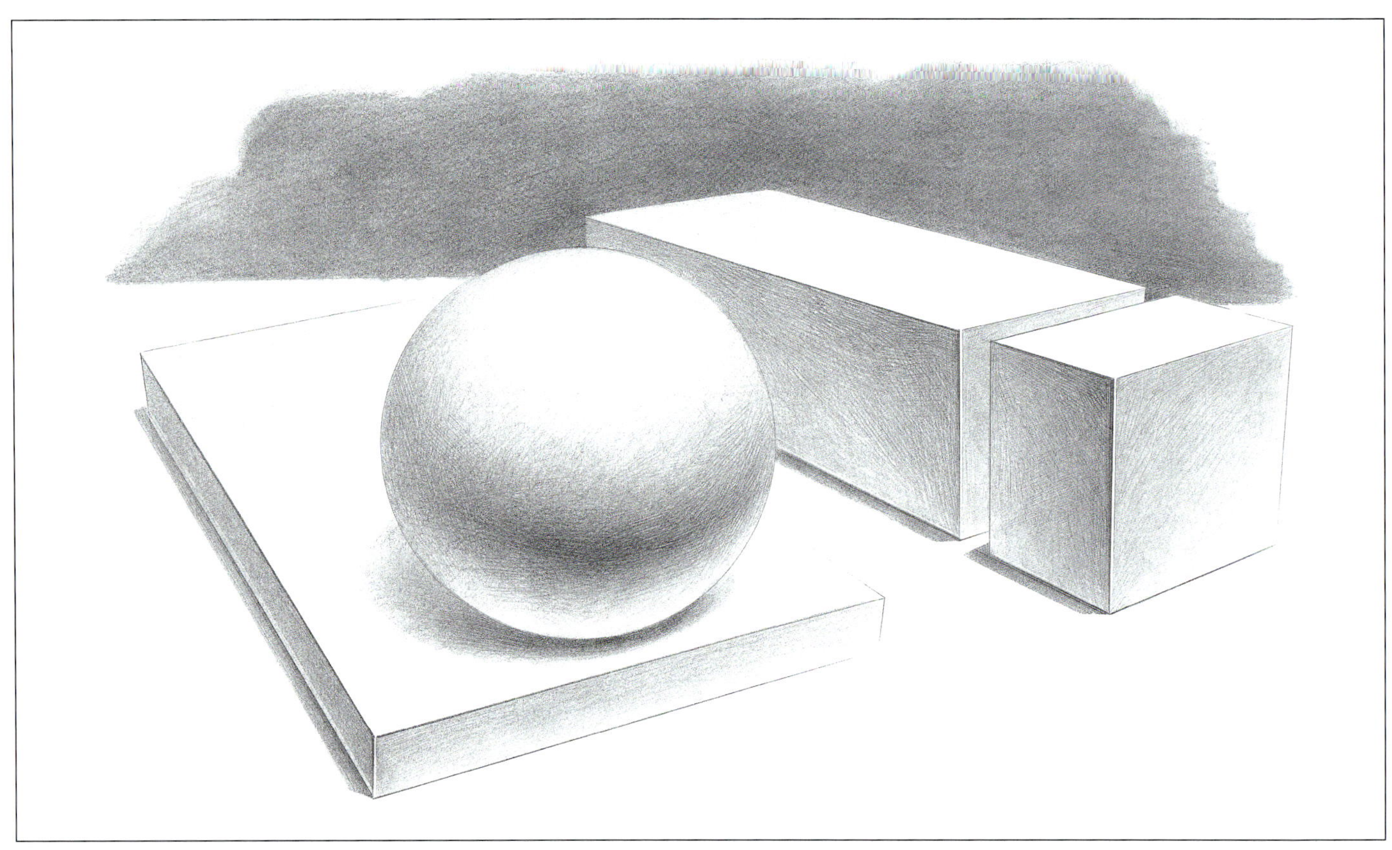

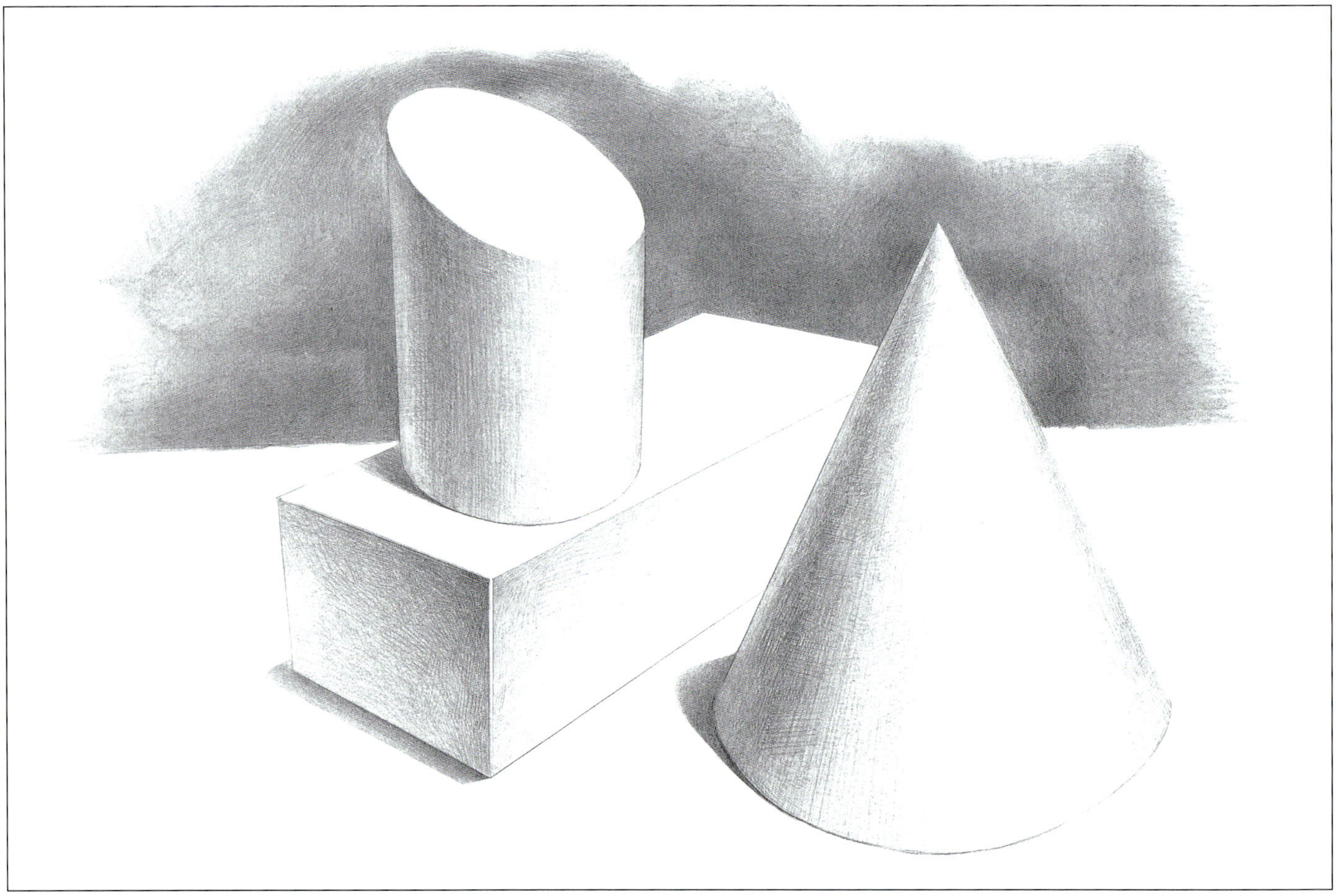

- 석고는 명암의 표현을 통하여 입체감을 만드는 연습을 하는데 매우 효과적인 물체이다.
- 명암의 단계는 부드럽게 잘 표현되었으나, 앞의 원뿔은 한 단계 더 강조해도 좋겠다.

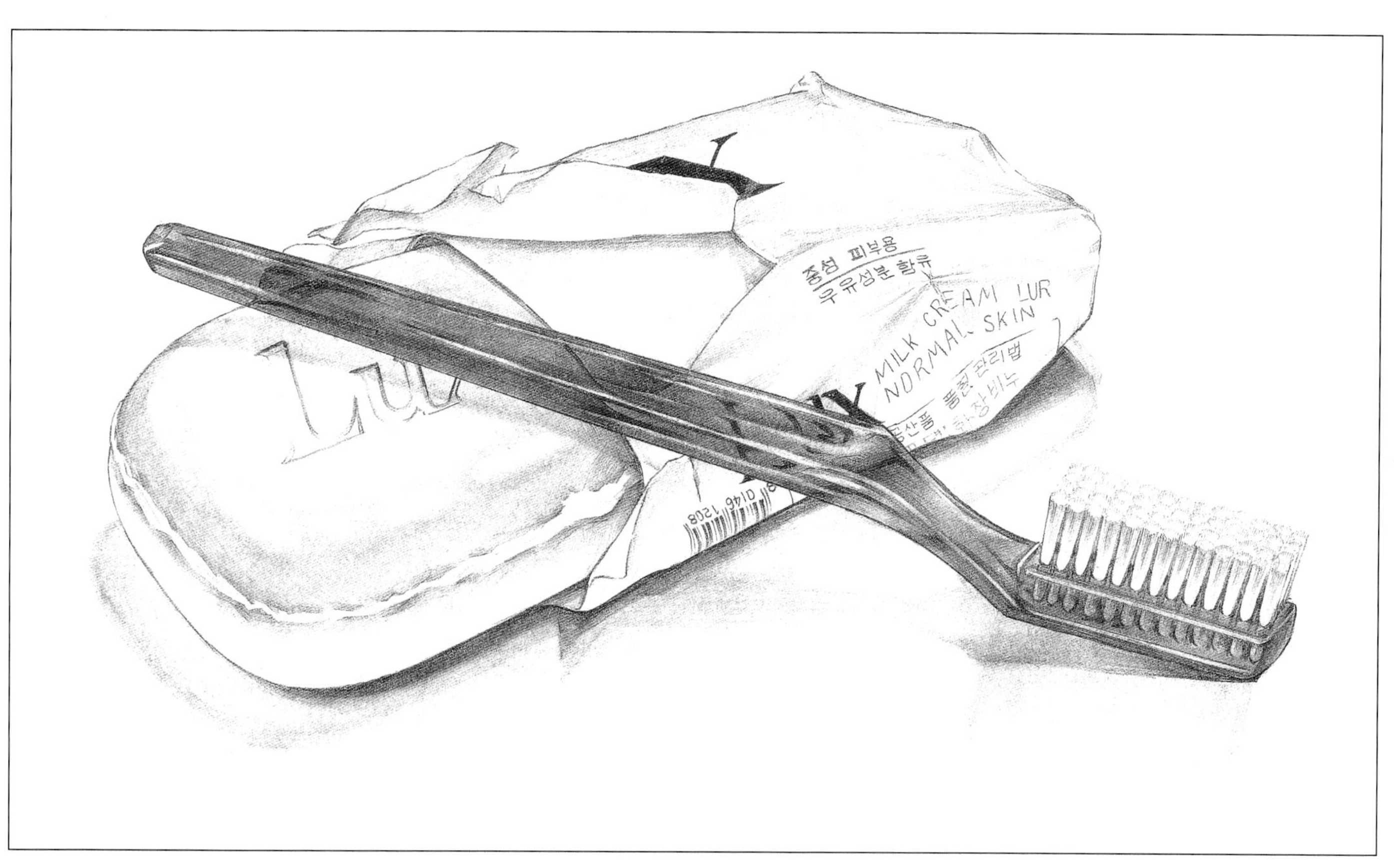

• 연필선을 부드럽게 문질러서 표현하고 어두운 부분은 연필선을 살려 강조하였다. 명암대비의 효과가 뚜렷하여 산뜻해 보인다.

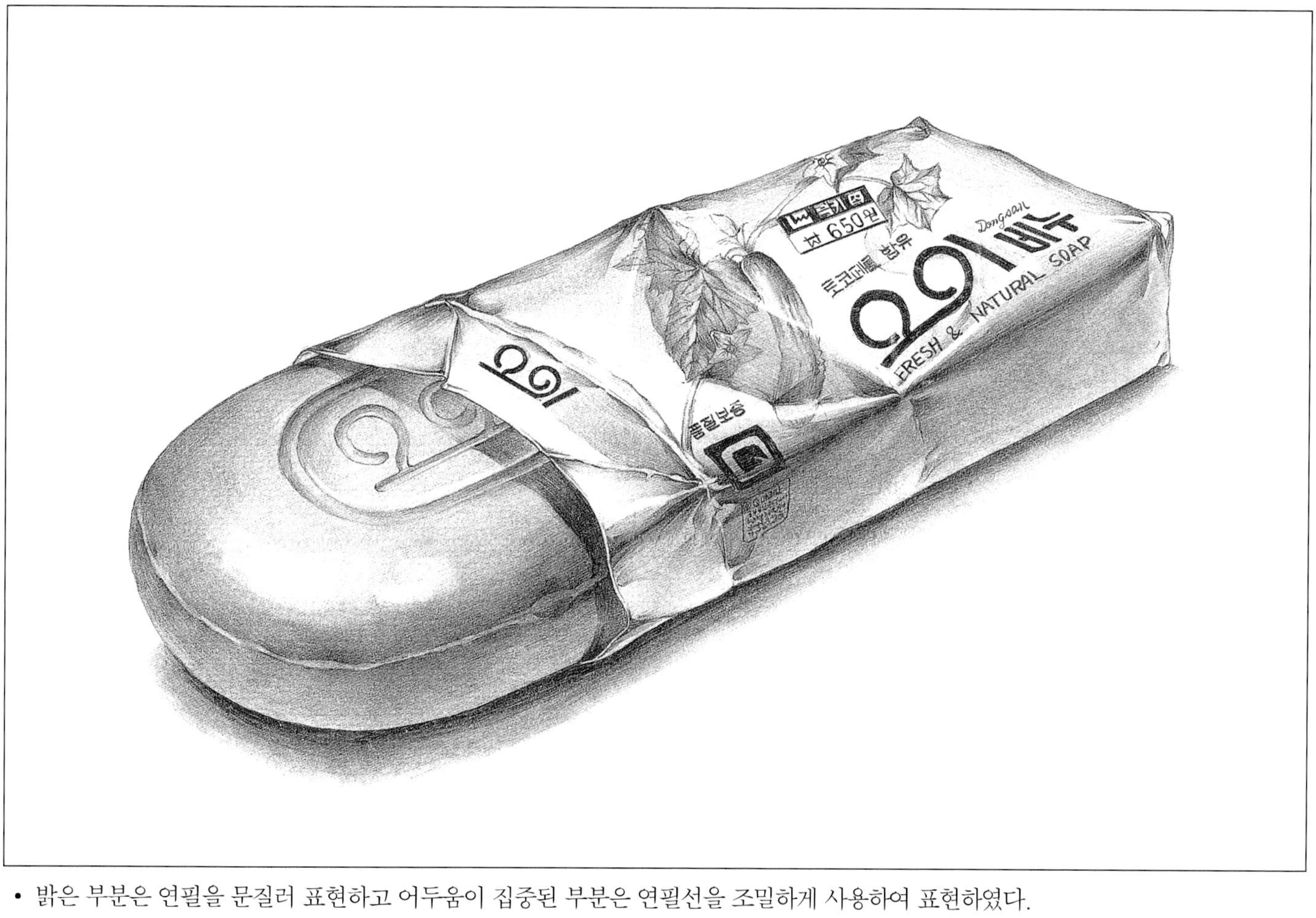

• 밝은 부분은 연필을 문질러 표현하고 어두움이 집중된 부분은 연필선을 조밀하게 사용하여 표현하였다.
• 비누의 양감과 종이와 구김의 표현이 돋보인다.

• 넓은 면은 부드럽게 문질러서 표현해주고, 하이라이트는 깔끔하게 지워서 표현한다.

• 연필선을 부드럽게 살려 고무신과 책의 질감을 표현했다. 좀더 부드럽게 문질러 표현해도 좋을 듯 싶다.

- 회색조의 명암 변화를 효과적으로 사용하였다.
- 물의 양을 적절하게 사용한 센스가 돋보인다.

- 반사가 적은 고무 질감의 하이라이트는 연결되도록 강조하여 표현한다. 나머지 명암 변화는 풍부하게 표현한다.

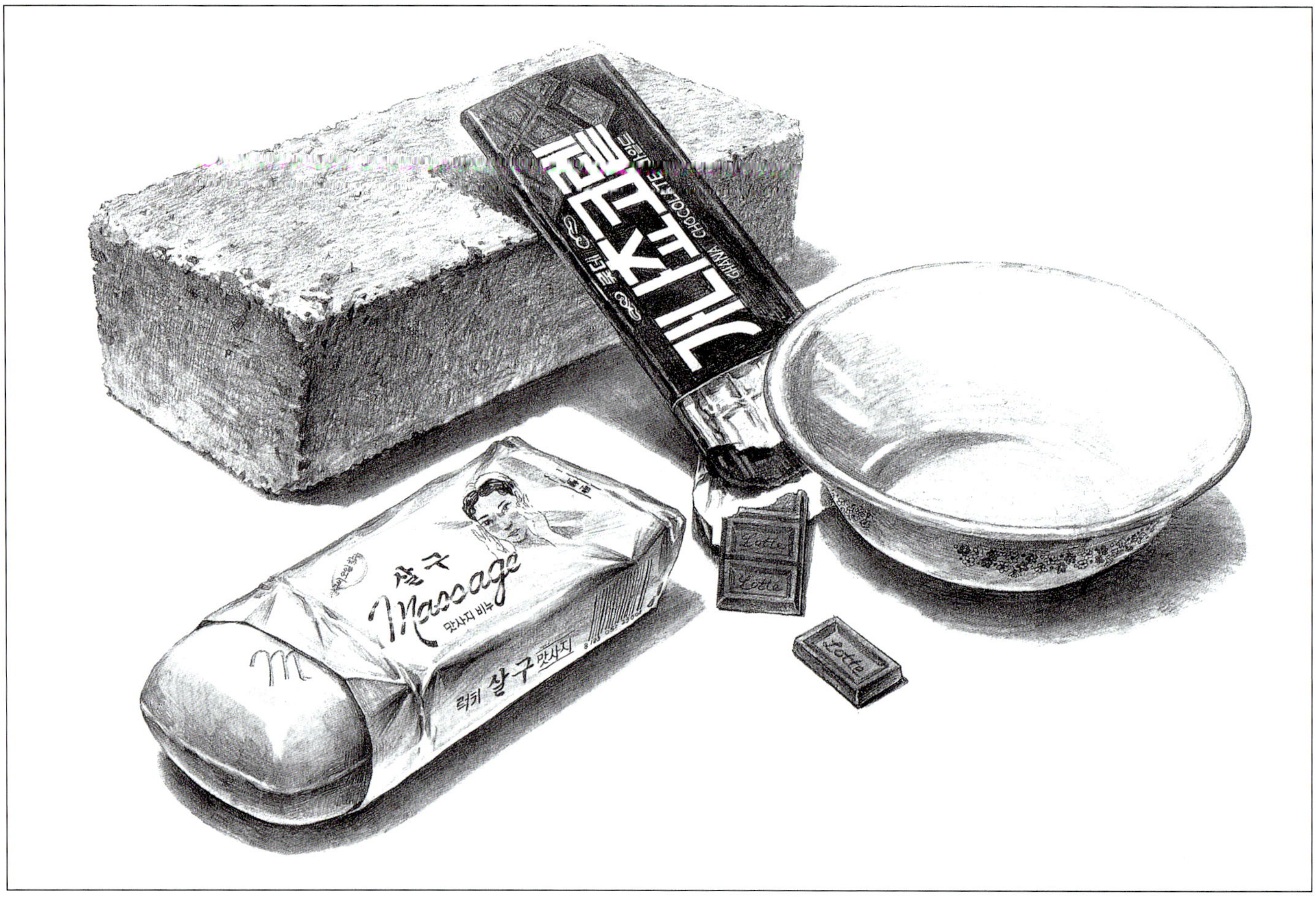

• 각 사물의 표현 감각의 차이가 적절하게 표현되었다. 특히 초콜릿이 자연스럽고 밀도있게 표현되었으며, 레터링도 깔끔하다.

• 구도가 자연스럽고 정물의 특징에 따라 질감의 차이가 효과적으로 표현되었다. 특히 튜브와 붓의 금속질감이 돋보인다.

- 반사가 심한 은박 접시는 표현이 매우 어려운 물체이다. 먼저 양감이 분명하도록 깔아주고 넓은 면은 휴지로 문질러 표현한다.

- 신문지, 돌, 시멘트, 벽돌의 질감 차이가 효과적으로 표현되었으며, 신문의 레터링도 효과적이다.

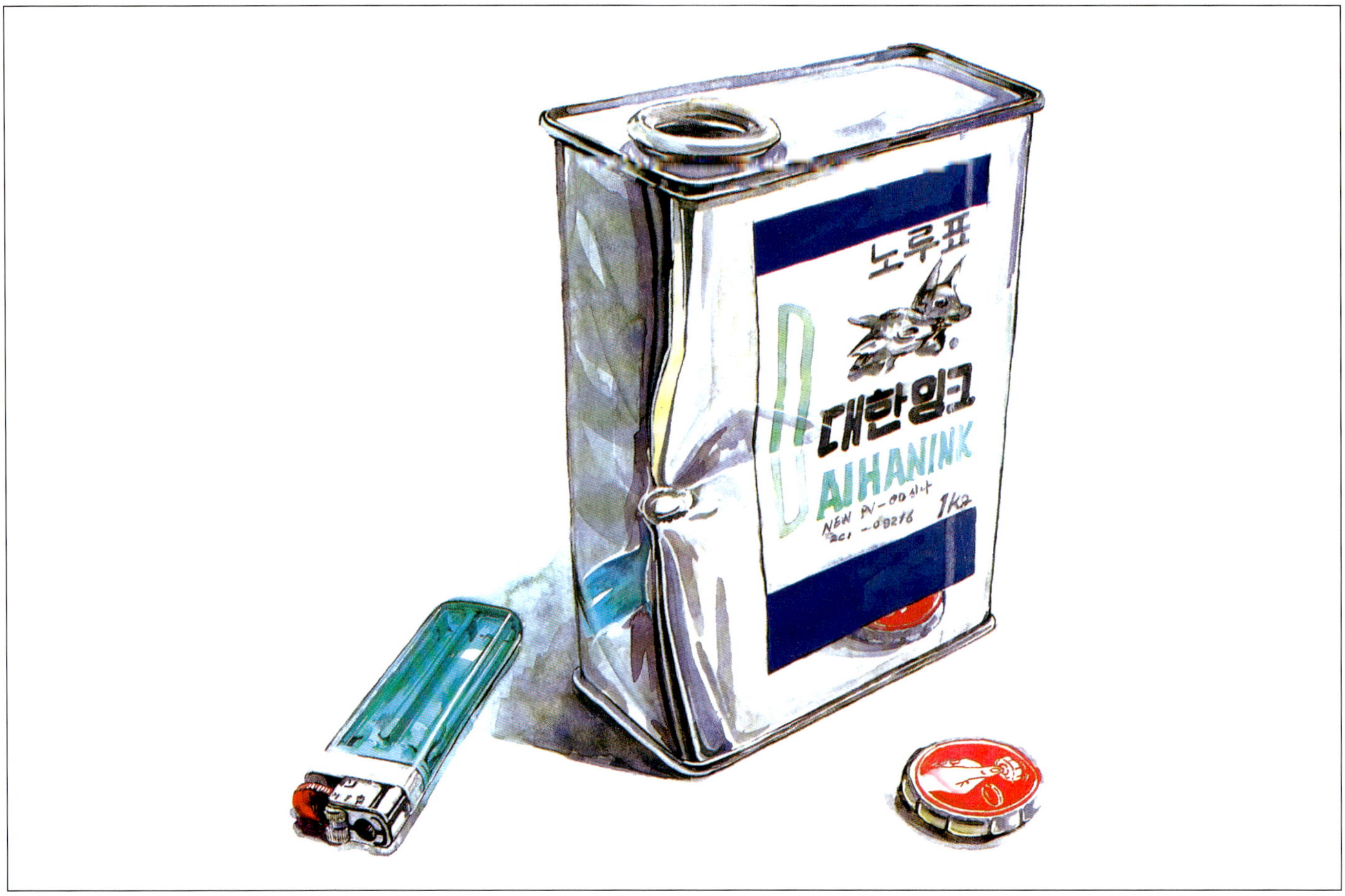

• 시원한 투명 수채화의 느낌을 살려서 금속과 투명 플라스틱의 느낌을 효과적으로 표현하였다.

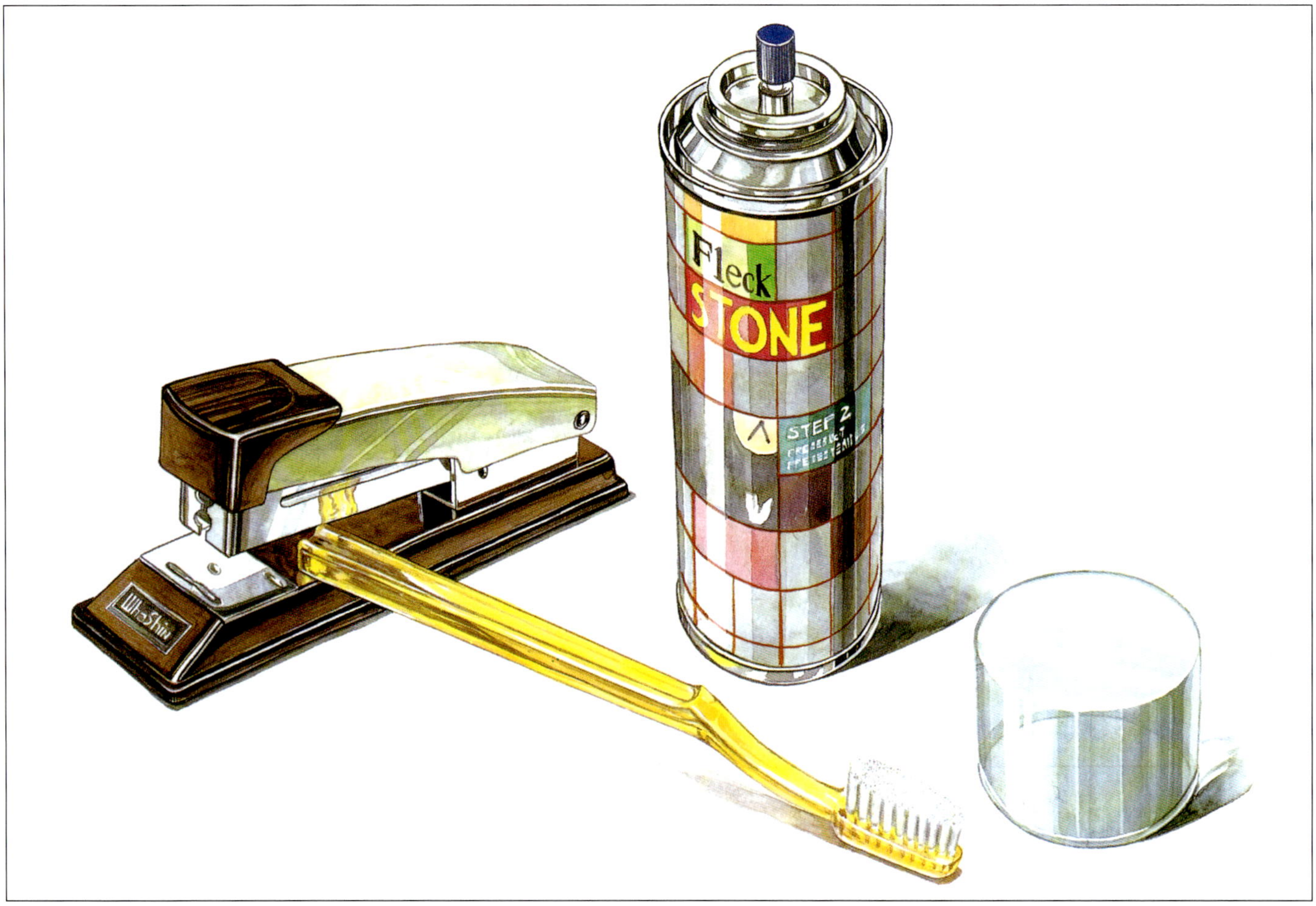

• 섬세한 관찰로 고유색을 풍부하게 사용해 전체적으로 화사한 느낌을 주고 있다. 플라스틱과 금속면의 광택이 세련되게 표현되었다.

- 구도를 자연스럽게 연출하였고, 각 정물의 특징에 따라 질감이 다양하게 표현되었다.

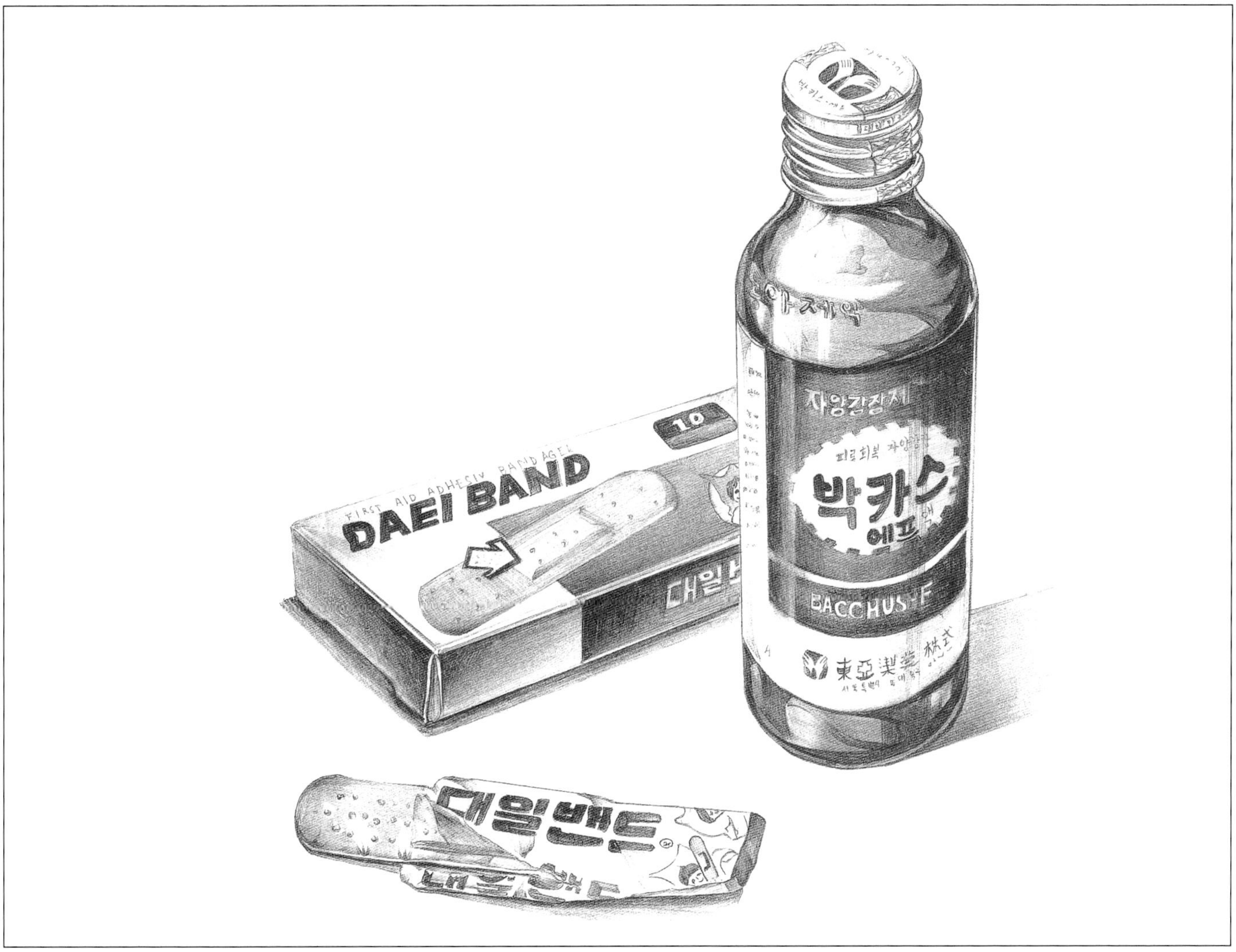

- 박카스 병의 좌우 대칭이 맞질 않아 불안해 보인다. 레터링도 좀더 깔끔하게 처리되어야 한다.

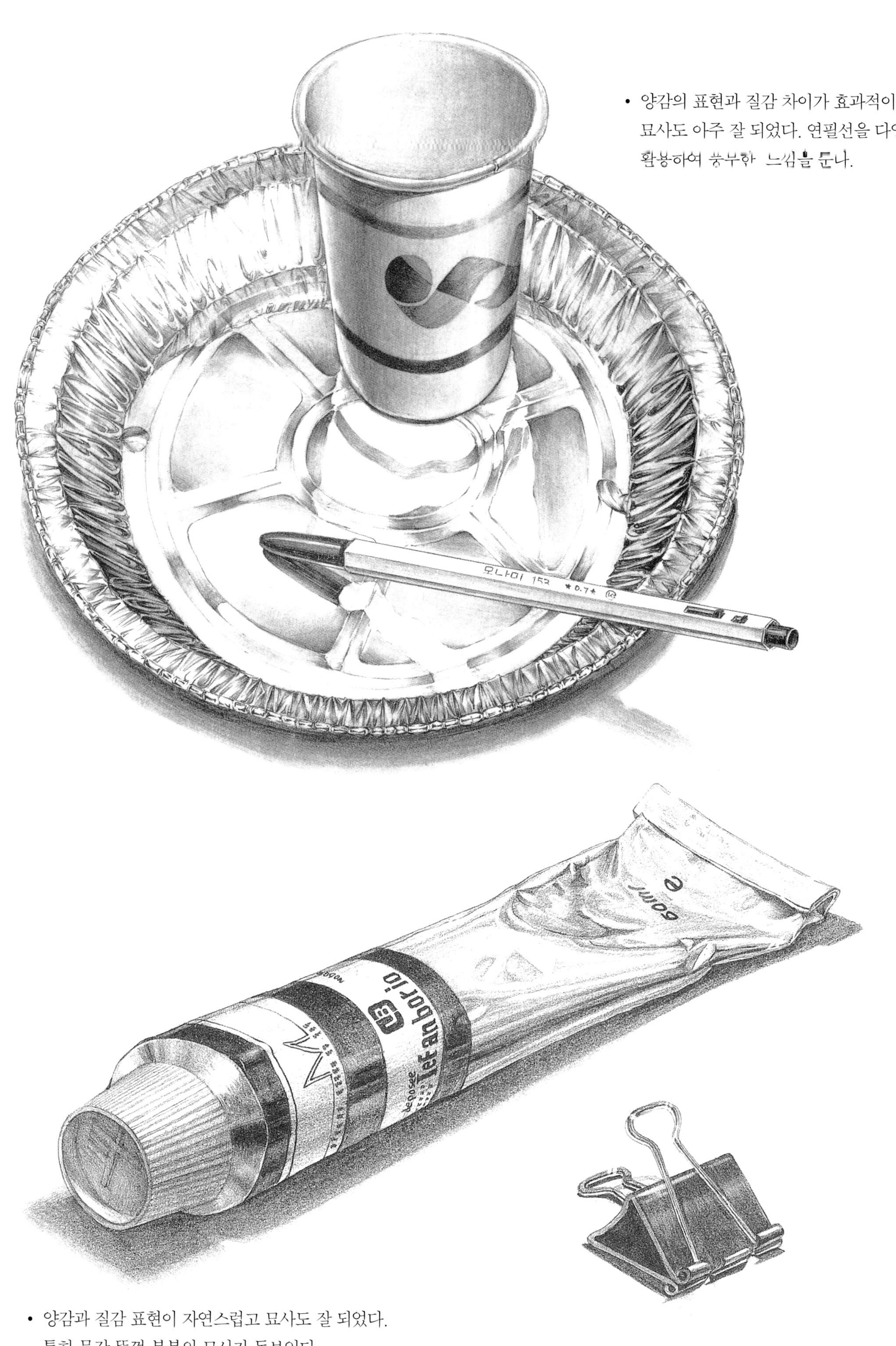

- 양감의 표현과 질감 차이가 효과적이고 묘사도 아주 잘 되었다. 연필선을 다양하게 활용하여 풍부한 느낌을 준다.

- 양감과 질감 표현이 자연스럽고 묘사도 잘 되었다. 특히 물감 뚜껑 부분의 묘사가 돋보인다.

- 나무의 질감과 금속 질감이 대비가 되도록 효과적으로 표현하였다.
  앞은 선명하고 뒤로 갈수록 흐리게 채색한 센스가 돋보인다.

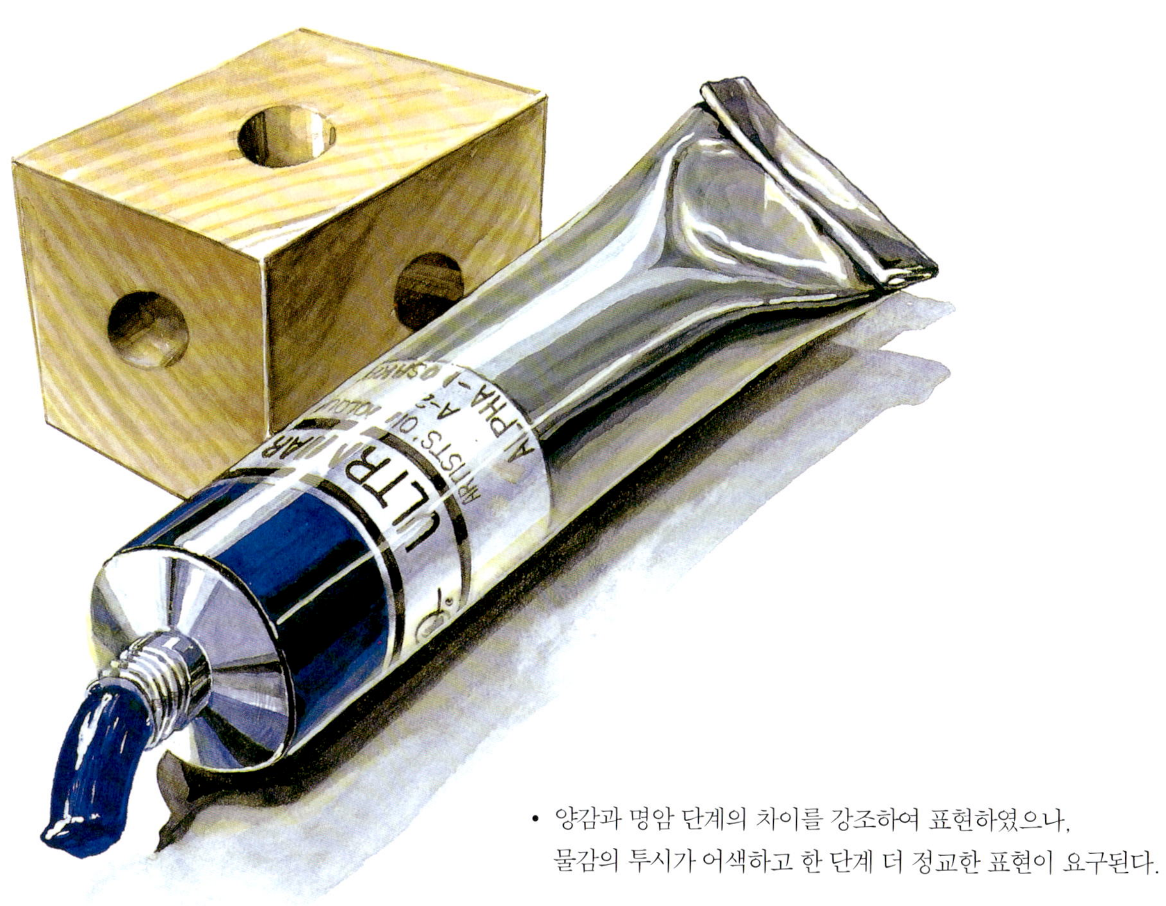

- 양감과 명암 단계의 차이를 강조하여 표현하였으나,
  물감의 투시가 어색하고 한 단계 더 정교한 표현이 요구된다.

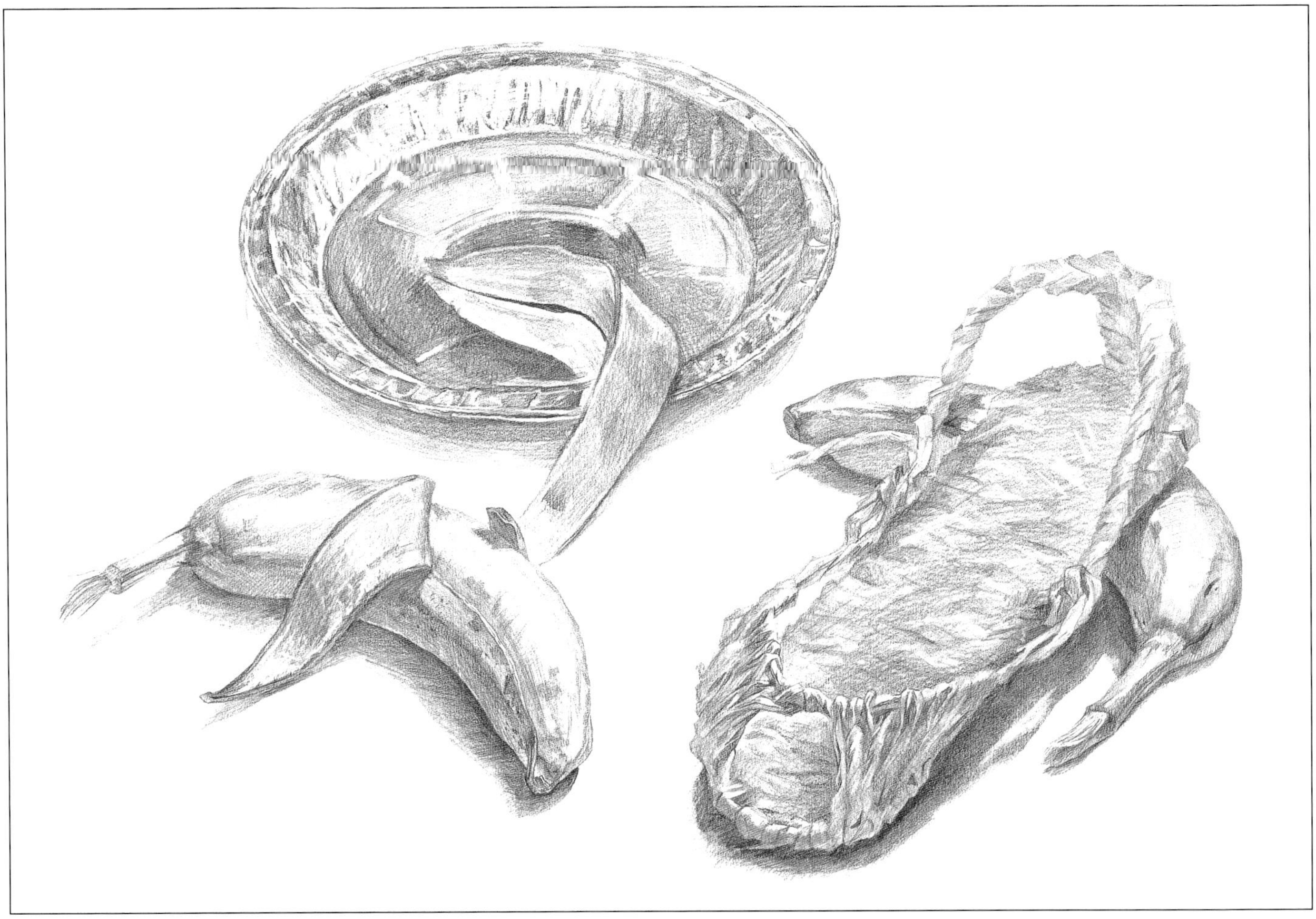

• 연필선을 부드럽게 살려서 빠른 속도로 사물의 양감과 질감을 표현하였다.

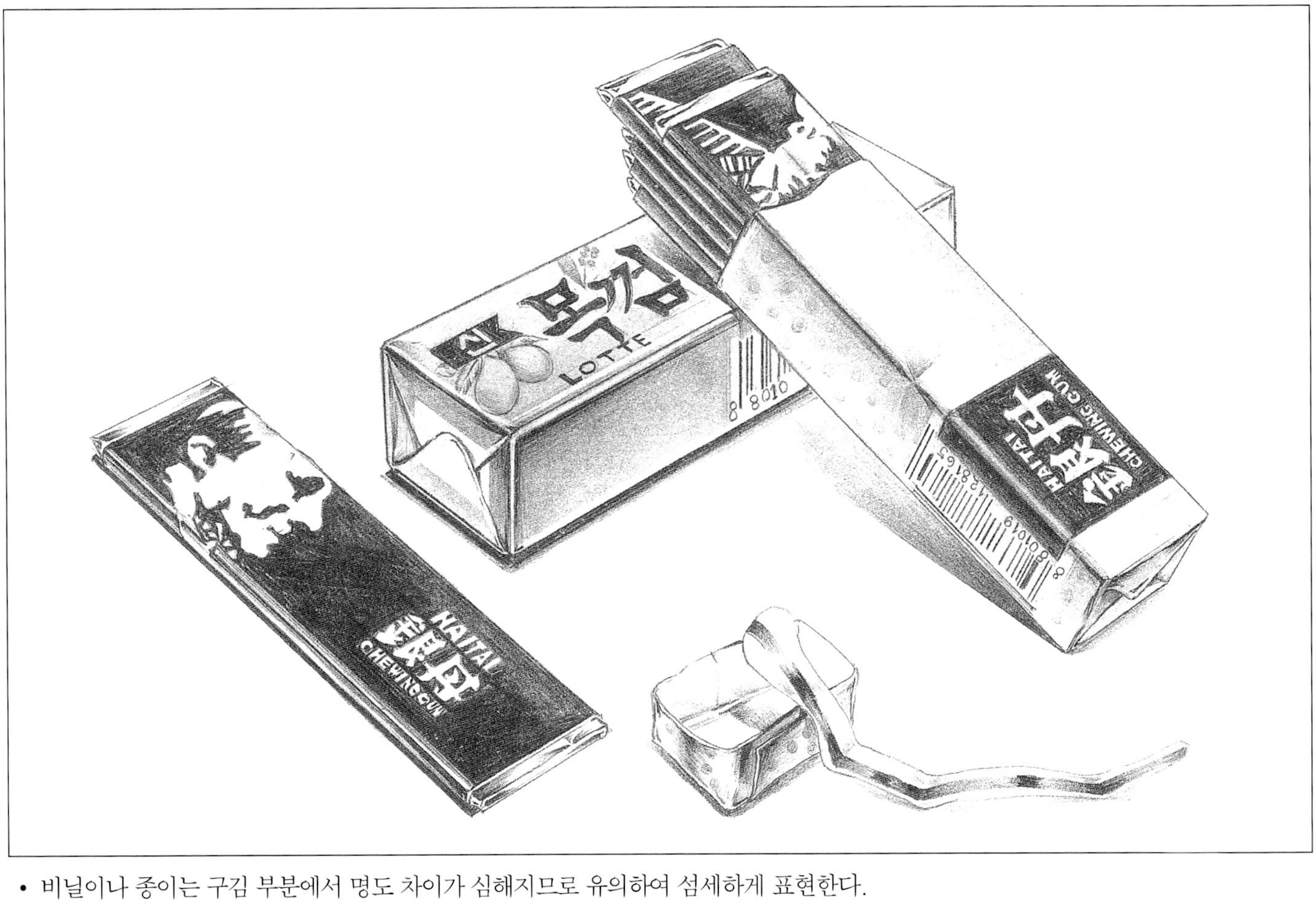

• 비닐이나 종이는 구김 부분에서 명도 차이가 심해지므로 유의하여 섬세하게 표현한다.

- 꽈리의 풍부한 고유색을 표현해주어 생기가 있어 보이며,
  그림자를 차가운 느낌으로 표현하면 더 생기가 강조되어 보인다.

- 나무의 질감은 더 적극적으로 세필로 표현하여야 현실감이 생긴다.
  꽃을 자세히 관찰하여 쉽게 표현하였다.

- 연필을 눕혀 부드럽고 밀도있게 사용하여 양감이 강조되고 깊이 있는 느낌을 준다.
- 뒤에 있는 감은 한 단계 작고 흐리게 하는 것이 원근 표현이 강조되어 보인다.

- 입체감이 강조되어 표현되었고 질감 차이도 효과적으로 표현되었으며, 병 입구나 나무 젓가락 등 중요 부분의 묘사도 효과적이다.

- 입체감, 색상, 질감 표현이 잘 되었고 묘사도 현실감 있다.
  하이라이트를 강조하여 경쾌해 보이고 레터링도
  산뜻하게 표현되어 완성도가 높아 보인다.

• 질감의 차이가 잘 표현되었으며 연필을 부드럽게 사용한 재치있는 그림이다. 중요 부분의 강조와 묘사도 잘 되었다.

• 밝은 부분의 연필선을 흐리게 표현한 것이 좋으며, 사물을 자세히 관찰하여 성실하게 표현한 그림이다.

- 질감의 차이는 잘 표현되었으나, 양감이 약한 것이 아쉽다.
- 조리의 묘사는 돋보이지만, 주전자의 완성도는 떨어져 보인다.

실기 우수작 모음

SUNHAK
POCARI
POCARI SWEAT
REFRESHMENT CO
The Ko
1995年 6月 13日 火曜日

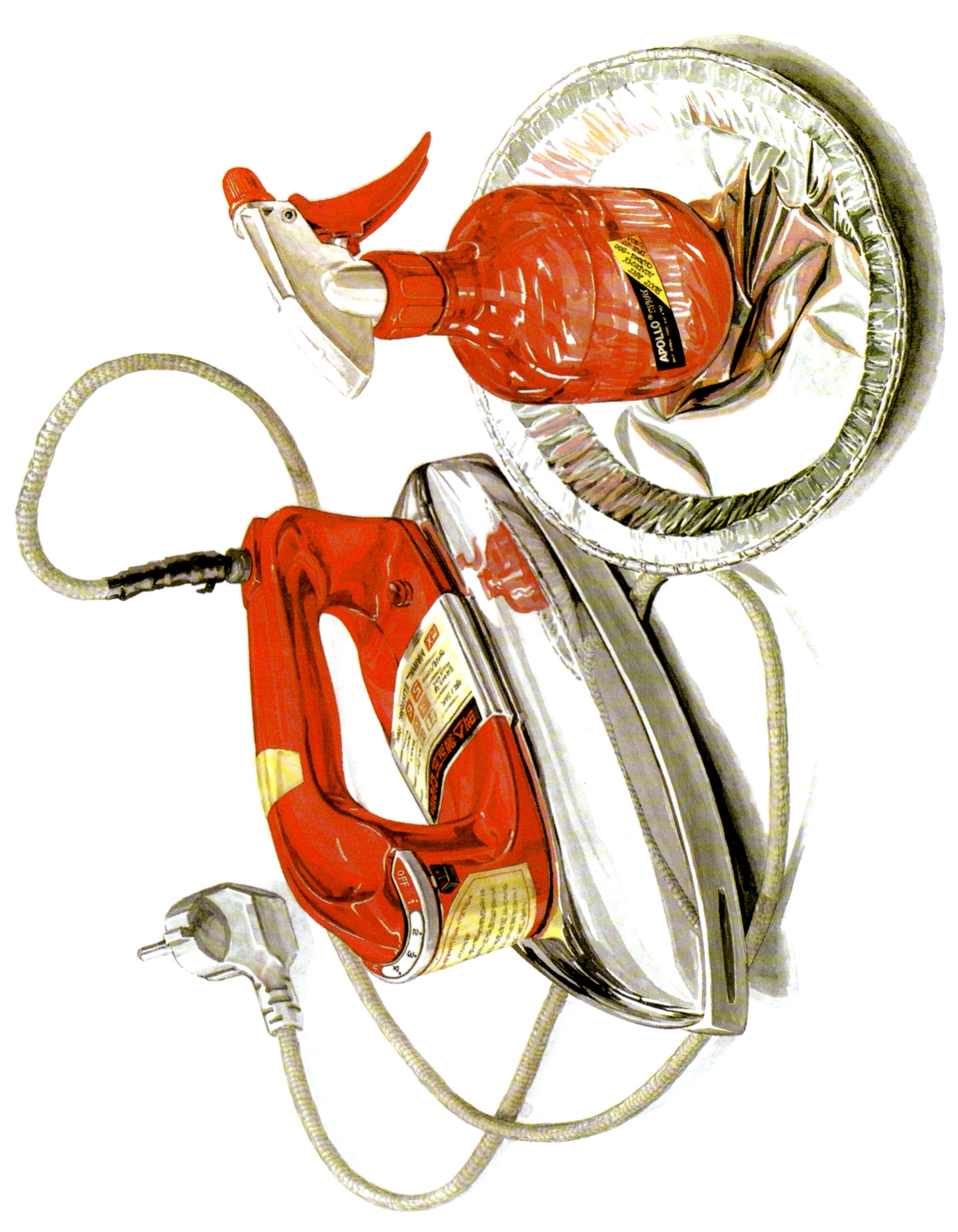

CEYLON TEA
THE DREAM OF TEA
LOTTE
SQUASH
PINEAPPLE 100
Maxwell
CAFE RICHE

EYLON
TEA
LOTTE
혼합음료 생활재충전음료
포카리스웨트
탄산음료
엑 시
GRAPE COCO
콜

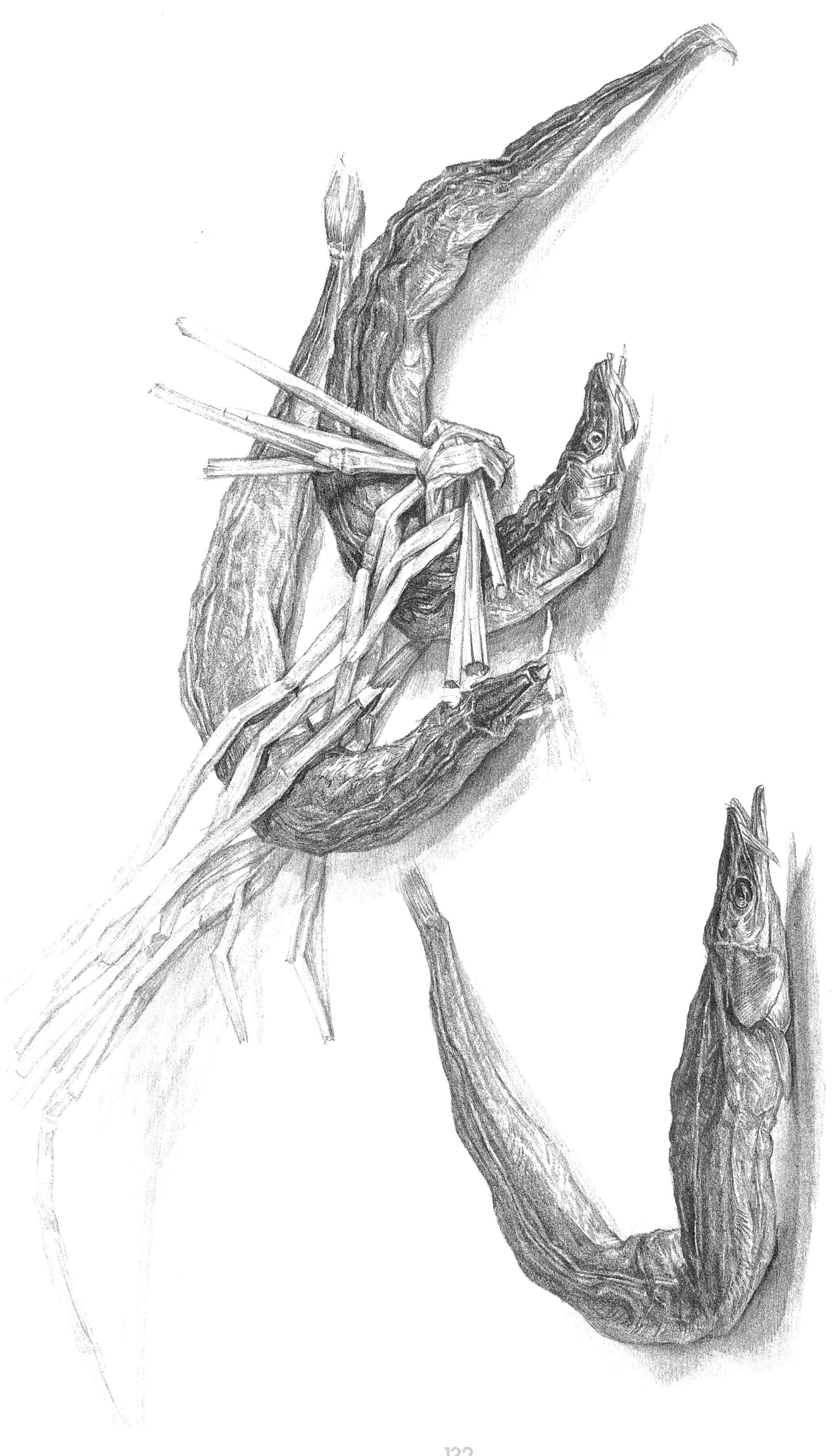

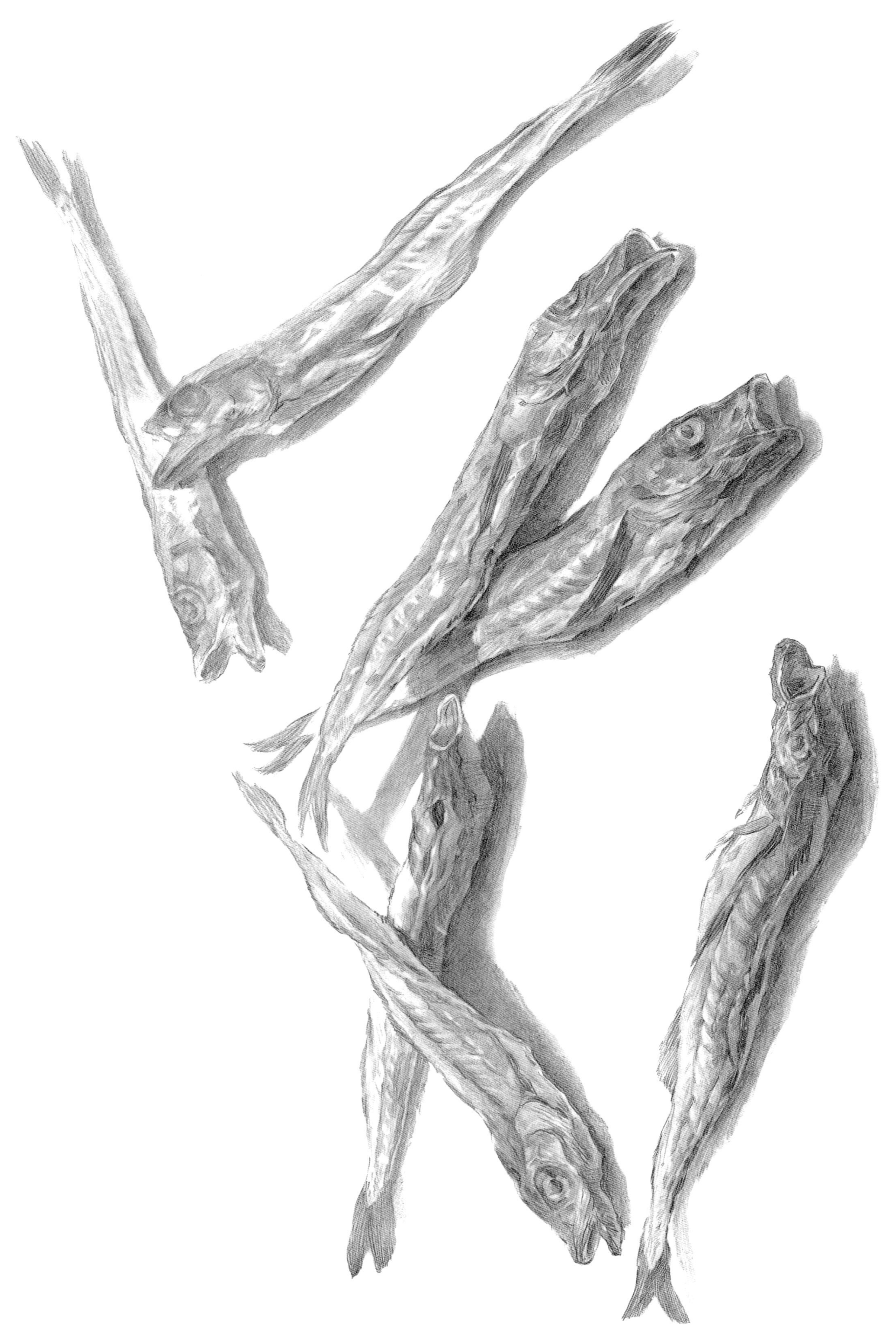

Kaffee

Nikon
Nikon
Nikon
Nikon
Nikon
TABU
HOYA

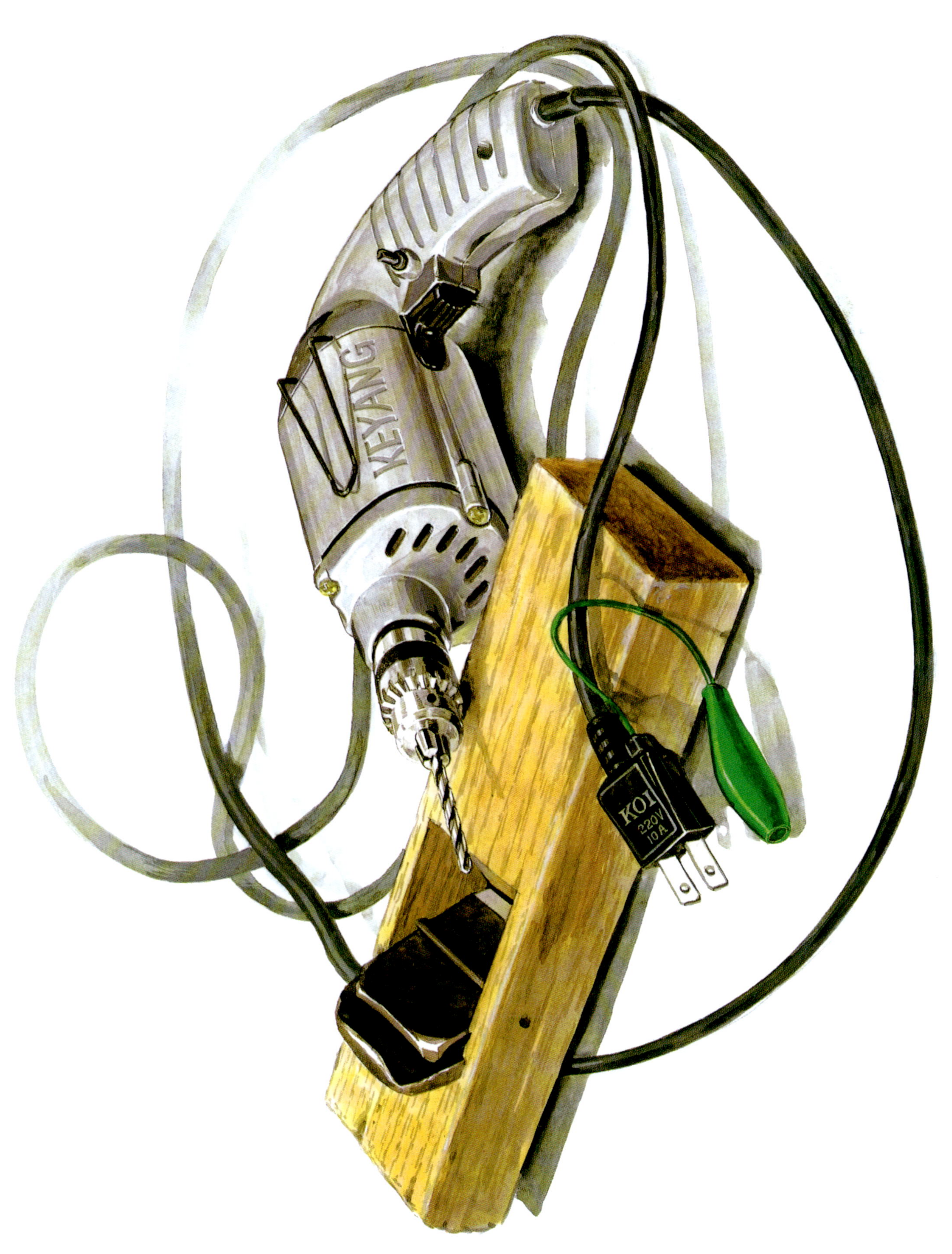

KEYANG
KOI
220V
10A

POLEON
나폴레온
HAI TAI INDUSTRIAL CO LTD
PRODUCT OF KOREA
NAPOLEON
나폴레온

Gillette
foamy
REGULAR
BEER
ACH LIQUEUR & BRANDY
Gaetano
RENAISSANCE
MONTBLE

DELUXE 100% WHISKY
VALLEY 9
GOLD
밸리나인 골드
STRAWBERRY CREAM
LOTTE

W&N
Winsor & Newton
COLOUR
TUBES

조창수

계명대 서양화과 졸업.
1994년 동학혁명 100주년 기념전
1995년 달구벌에서 빛고을로
1995년 전국민족미술 창립전
서양화가.

조명식

서울대학교 미술대학 회화과 졸업.
동대학원 서양화과 졸업.
개인전 20회(뉴욕, 뒤셀도르프, 서울)
제1회 비추미 그림축제 대상
제1회 미술세계 대상전 대상
제17회 창작미술협회 공모전 대상
현재, 국민대학교 예술대학 미술학부 교수
저서로《케테 콜비츠》,《알폰스 무하》,《미술실기교실 Ⅰ,Ⅱ》가 있음.

작품 소장처
삼성코닝, 서울대학병원 임상연구소,
드림 바이오스, 부산 송도 제일교회,
분당 서울대학병원, 외교통상부, CJ.
국립현대미술관 미술은행 등.

정밀묘사와 렌더링

조창수 · 조명식 공저

개정판 2쇄 발행 2019년 2월 16일

발행처 | 도서출판 재원
발행인 | 박덕흠

등록번호 | 제10-428호
등록일자 | 1990년 10월 24일

서울 종로구 진흥로 497-5(신영동) 우편번호 03007
전화 395-1266 (代) 팩스 396-1412

E-mail: jwpublish@naver.com

© 2019 도서출판 재원

값 20,000원

ISBN 978-89-5575-173-4 14630